U0088482

神々と旅する冥界 来世へ〔後編〕

# 埃及眾神的冥界巡禮

## 【後篇】

神祇、妖怪與
法老的復活之旅

松本彌

楓樹林

# 目錄

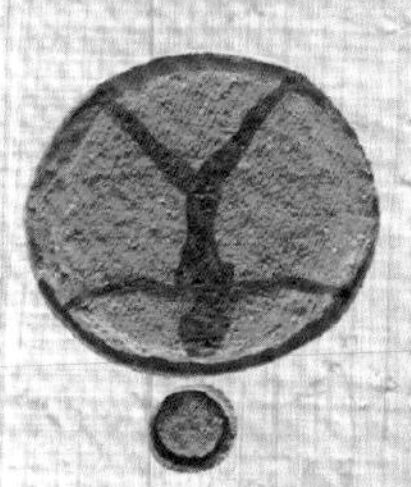


埃及全圖…………書末●附錄
古埃及王朝表………書末●附錄

## 第3章　帝王谷的壁畫……5

【地圖】帝王谷● 6

帝王谷……8
陵墓的特徵……11
裝飾的特徵……12
冥界之書［存在於冥界（的書）］16

【專欄】冥界之書　第12小時的最終場景● 38

太陽神拉的讚歌……40

【專欄】太陽神的74種形象和名字● 42

密碼冥界之書……44
天空母牛之書……50
門之書……54

【專欄】第一道門的聖書體● 56

【專欄】「門之書」第12小時的最終場景● 75

洞窟之書……78
大地之書［阿克爾之書］……94
努特之書……106
塞提一世陵墓的南天星座、北天星座……108
白晝之書和夜間之書……110
夜間之書（俯瞰？圖）……118
拉美西斯六世墓・通廊天花板圖……120

索引（前篇、後篇共通）● 124


［左］帝王谷坐落於哈特謝普蘇特女王靈殿的正後方

## 拉美西斯九世陵墓的神祕冥界圖

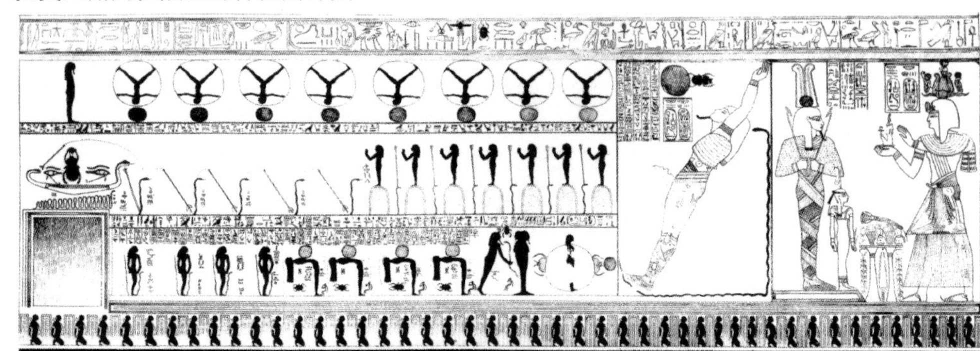

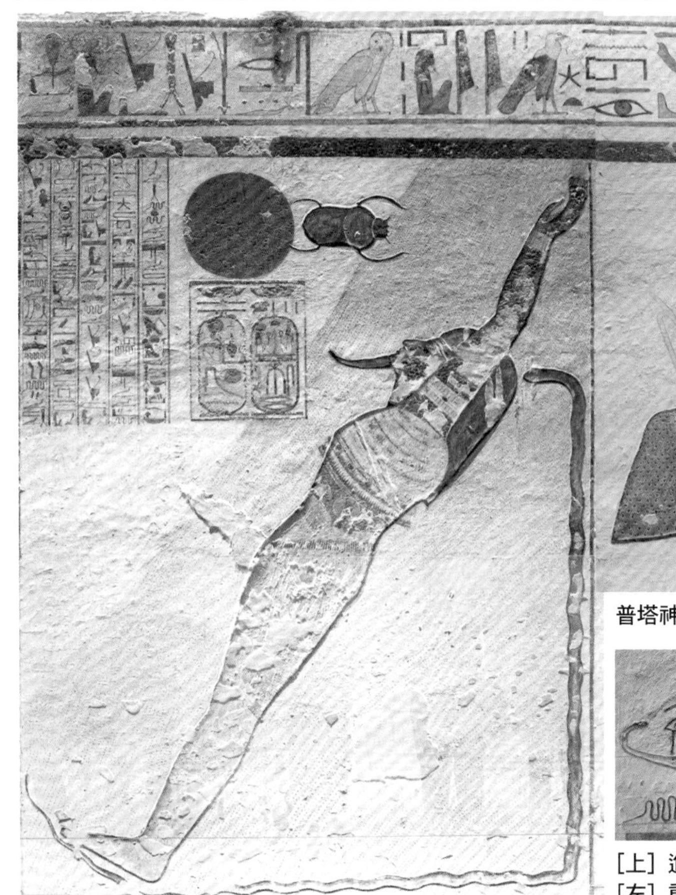

普塔神

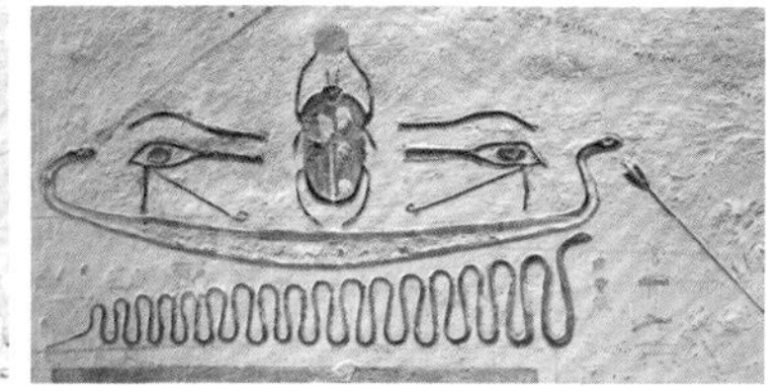

［上］進入冥界的太陽船
［左］重生形象的歐西里斯神
（參考前篇P.128）

# —第3章—
# 帝王谷的壁畫

# 帝王谷 [東谷墳墓群]

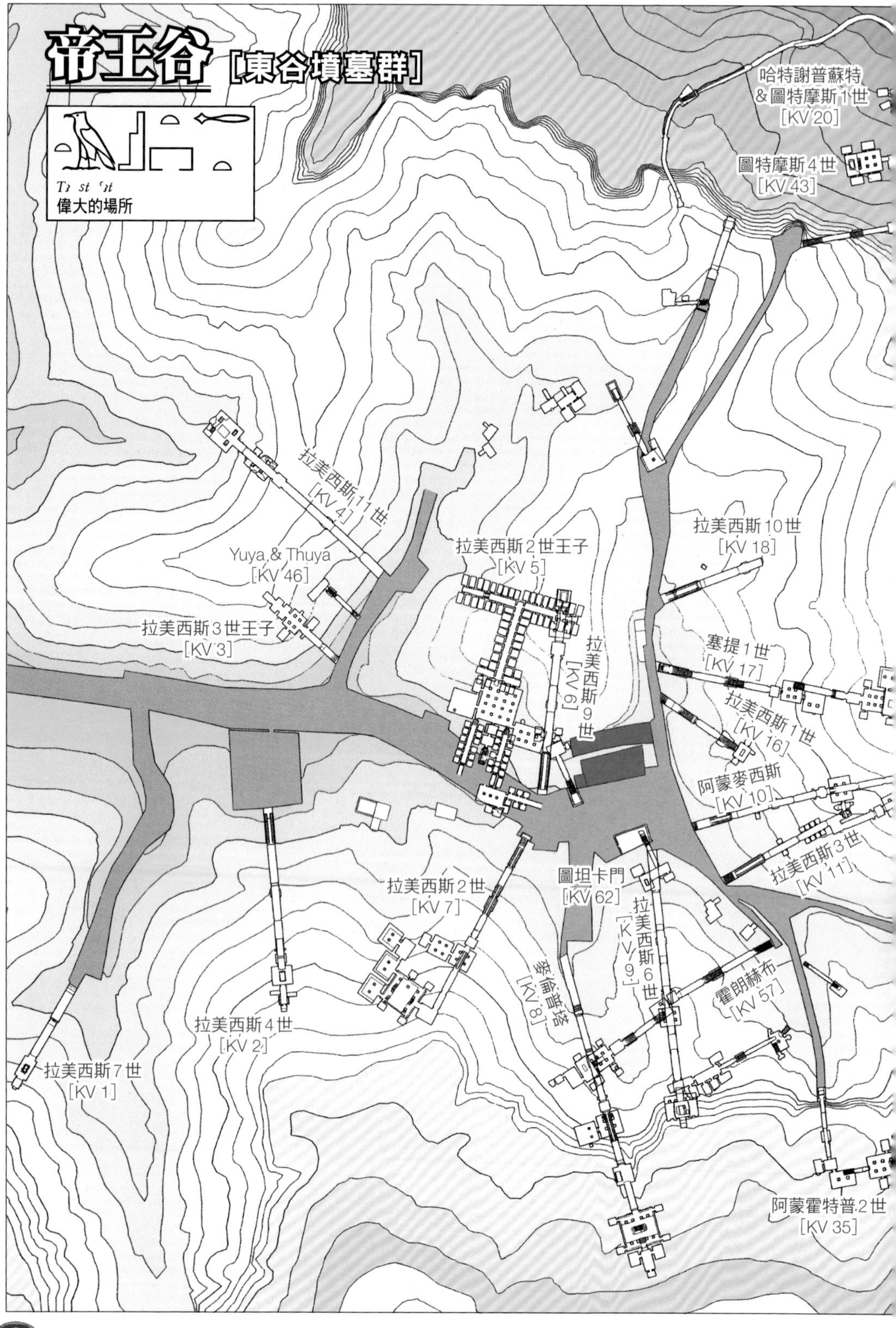

*Tȝ st ʿȝt*
偉大的場所

哈特謝普蘇特 & 圖特摩斯1世 [KV 20]

圖特摩斯4世 [KV 43]

拉美西斯11世 [KV 4]

Yuya & Thuya [KV 46]

拉美西斯3世王子 [KV 3]

拉美西斯2世王子 [KV 5]

拉美西斯9世 [KV 6]

拉美西斯10世 [KV 18]

塞提1世 [KV 17]

拉美西斯1世 [KV 16]

阿蒙麥西斯 [KV 10]

拉美西斯3世 [KV 11]

圖坦卡門 [KV 62]

拉美西斯6世 [KV 9]

麥倫普塔 [KV 8]

拉美西斯2世 [KV 7]

霍朗赫布 [KV 57]

拉美西斯4世 [KV 2]

拉美西斯7世 [KV 1]

阿蒙霍特普2世 [KV 35]

*iꜣbt*
（東）

*rsy*
（南）

*mḥty*
（北）

*imnt*
（西）

下方照片的拍攝位置

工人的野營地

圖特摩斯3世
[KV 34]

西普塔
[KV 47]

塞提2世
[KV 15]

圖特摩斯1世
[KV 20]

塔沃斯塔&
塞特納赫特
[KV 14]

※KV＋數字是指遺跡的編號

## 帝王谷

帝王谷是約西元前3550年，新王國時期第十八王朝（約西元前1550年）到第二十王朝（約西元前1000年）的法老和王族的墓地。

在瓦塞特（Waset，路克索的古代名）的尼羅河東岸，從日出那側放眼望去，帝王谷就坐落於日落的尼羅河西岸最高聳的紅岩山麓上。路克索自古王國時期就是小型的地方都市，因此西岸的岩山便作為墓地來使用。西元前約2000年的中王國時期，一統國家的第十一王朝法老曼圖霍特普二世打造具有特色的葬祭墳墓，這大概也導致後來新王國時期的法老跟著繼承這項習俗吧。

埃及在中王國時期逐漸衰微後，首次迎來異民族統治（西克索人，意為「外來者」，為古代的部族聯盟）的時代，這段混亂時期在後世被區分為第二中間期。

約西元前1550年，瓦塞特的法老雅赫摩斯（Ahmose）成功將西克索人逐出埃及。從他的繼任者阿蒙霍特普一世開始，重新劃分為第十八王朝，開啟了新王國時期。統一國家的體制開始重建。其中，建造法老永遠的家，也就是墓地的工作也隨之展開。

埃及法老的陵墓就像古王國時期和中王國時期的金字塔所代表的一樣，

是展示法老威嚴的象徵之一。可是，新時代的墓地是將祭奠死者的設施和收藏大量珍貴陪葬品的埋葬設施分開，這是為了避免墳墓遭到盜挖。埃及人根據經驗瞭解到，作為法老權力的象徵之一而建造的金字塔，並無法抵

**帝王谷北側的景觀**
從河岸階地朝尼羅河岸，驟降的大雨形成了乾谷。俗稱「托特之丘」的地方是從中王國時期開始作為天文觀測站使用，這張照片就是在此處拍攝。駐紮在這裡的神官們想必都很清楚，乾谷一路延伸至路克索的尼羅河西岸，地形讓人聯想到金字塔的El Qurn（左圖）的山腳下。

禦盜墓者的破壞。

從上面的照片也可以看出，雖然沿著蜿蜒的Wadi（乾谷）就能朝帝王谷的方向前進，但要抵達終點處的墓地，必須繞到聳立於尼羅河東岸像屏風一樣的岩壁後面。

因此，以哈特謝普蘇特女王的靈殿為首，建於西岸沙漠邊緣的法老靈殿，墳墓都設在一片岩壁的對面，在那裡舉行祭奠儀式。對於當時瞭解這種位置關係的人們來說，葬祭設施和陵墓之間可能沒有太大的距離感吧。

另一點是在帝王谷見到的聖山El Qurn的形狀。這讓人聯想到從古王國時期開始就被視為陵墓象徵的金字塔。在其山麓設置墓室或許是最令人滿意的地點，因為從延續傳統的角度來看，在此下葬就得以沐浴於陽光下。在古代，這座山被稱為Ta Dehent，即「神所居住的山」之意。

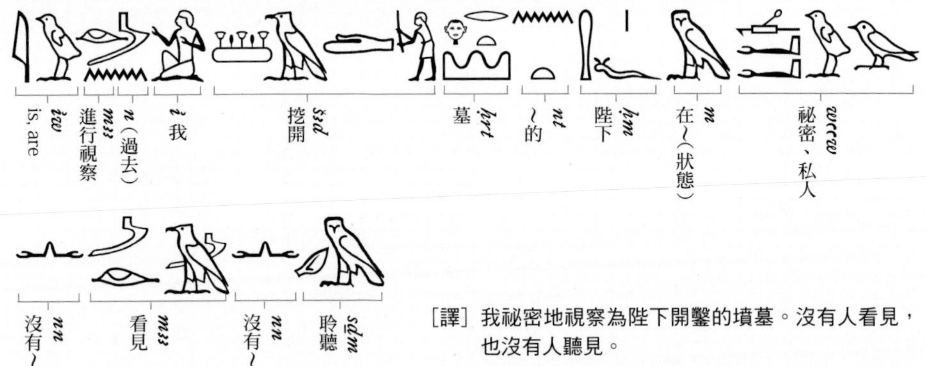


［譯］我祕密地視察為陛下開鑿的墳墓。沒有人看見，也沒有人聽見。

阿蒙霍特普一世首先為在陵墓工作的工匠們設置村莊（Deir el-Medina）。然而，至今為止在帝王谷和路克索西岸的其他地方，都沒有發現雅赫摩斯或阿蒙霍特普一世的墳墓。在Dra Abu el-Naga地區發現貌似他們的墳墓，但如果考慮到建造工匠之村等事業的話，也有人認為阿蒙霍特普一世的陵墓有可能是位於帝王谷內。順帶一提，雅赫摩斯在歐西里斯神的聖地阿拜多斯建造了一座空墓。

目前，帝王谷中以圖特摩斯一世和哈特謝普蘇特女王的陵墓最為古老。參與建造圖特摩斯一世陵墓的建築師Ineni，在自己的墳墓中記錄了上面的內容，描述陵墓的建造是在暗地中進行的。

只是，隨著之後陵墓陸續建造，帝王谷的祕密無可避免地成為公開的祕密。就連有大量陪葬品出土的圖坦卡門陵墓，也在完工後不久遭到了盜掘。

## 陵墓的特徵

第6、7頁介紹了帝王谷東谷陵墓的平面圖。每座陵墓同樣都從入口往墓室的方向逐漸加深，但結構都不盡相同。有的筆直地往地下延伸，有的在中途轉彎，結構形形色色。基本上，陵墓的通道相當於太陽神在黑夜中進

入冥界的形象，那裡描繪的壁畫就是古埃及人心目中冥界應有的樣貌。

在此，讓我們按照年代順序（右頁表格）來探討受葬者的墓葬結構有何明顯不同吧。

接下來可以得知，第十八王朝初期的墓室結構是呈現橢圓形，在中途向左轉彎，就像圖特摩斯三世的陵墓（KV34）一樣。圖特摩斯三世的兒子阿蒙霍特普二世的陵墓墓室為矩形，直到試圖進行宗教改革的阿肯那頓時代才中斷；阿肯那頓的陵墓位於阿瑪納（Amarna），入口到墓室的結構呈現一直線。接著，再度於帝王谷正式建造陵墓時，又開始像阿瑪納的陵墓結構一樣，從入口到墓室的中間列柱室等，皆呈一直線排列。

在這條直線上，初期的霍朗赫布陵墓（KV57）和塞提一世陵墓（KV17），其特徵是中間列柱室的軸線稍微往左邊偏移。到了麥倫普塔陵墓以後，入口到墓室的通廊均採用一直線的結構。其中也有像拉美西斯三世陵墓這種因為和阿蒙麥西斯陵墓衝突，導致不得不將軸線大幅偏移的例外。

## 裝飾的特徵

前往帝王谷遊覽的旅人，幾乎都會去參觀最著名的法老，也就是圖坦卡門的陵墓（KV62）。這裡僅僅只能一睹圖坦卡門與眾神面對面的場景、葬

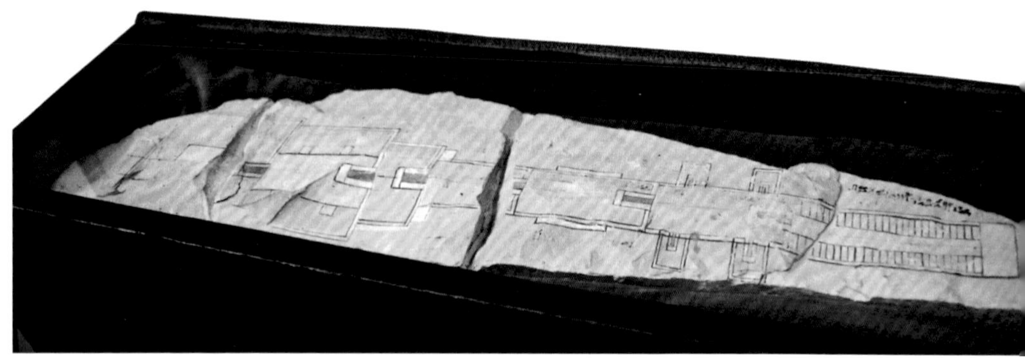

**繪有拉美西斯九世陵墓（KV6）平面圖的陶片**
貌似是在陵墓完成之後記載的。採用大塊的石灰岩片（約83.5 × 14cm）。
**新王國時期第20王朝，約1100 BC，埃及博物館（開羅）[CG 25184]**

| 王朝 | 陵墓（按年代順序）<br>※［　］內的數字為遺跡編號 | 冥界之書（16） | 太陽神拉的讚歌（40） | 門之書（54） | 死者之書（前篇67） | 洞窟之書（78） | 白晝之書、夜間之書（110） | 努特（天）之書（106） | 大地之書（94） |
|---|---|---|---|---|---|---|---|---|---|
| 約1505 BC ↑ 第18王朝 | 圖特摩斯1世［KV38］ | ● | | | | | | | |
| | 哈特謝普蘇特［KV20］ | ● | | | | | | | |
| | 圖特摩斯3世［KV34］ | ● | ● | | | | | | |
| | 阿蒙霍特普2世［KV35］ | ● | | | | | | | |
| | 圖特摩斯4世［KV43］ | | | | | | | | |
| | 阿蒙霍特普3世［WV22］ | ● | | | | | | | |
| | 圖坦卡門［KV62］ | ● | | | | | | | |
| ↓ | 阿伊［WV23］ | ● | | | ● | | | | |
| ↑ 第19王朝 | 霍朗赫布［KV57］ | | | ● | | | | | |
| | 拉美西斯1世［KV16］ | | | ● | ● | | | | |
| | 塞提1世［KV17］ | ● | ● | ● | | | | | |
| | 拉美西斯2世［KV7］ | ● | ● | ● | ● | ● | | ● | ● |
| | 麥倫普塔［KV8］ | ● | ● | ● | ● | ● | | ● | ● |
| | 阿蒙麥西斯［KV10］ | | ● | | | | | | |
| | 塞提2世［KV15］ | ● | ● | ● | | | | | |
| ↓ | 西普塔［KV47］ | ● | ● | | ● | | | | |
| ↑ 第20王朝 | 塔沃斯塔、塞特納赫特［KV14］ | ● | | ● | ● | ● | | | ● |
| | 拉美西斯3世［KV11］ | ● | ● | ● | | | | ● | ● |
| | 拉美西斯4世［KV2］ | ● | ● | ● | ● | ● | ● | ● | ● |
| | 拉美西斯5世、拉美西斯6世［KV9］ | ● | | ● | ● | ● | ● | ● | ● |
| | 拉美西斯7世［KV1］ | | | ● | | ● | | | ● |
| | 拉美西斯9世［KV6］ | ● | ● | ● | ● | ● | ● | ● | ● |
| | 拉美西斯10世［KV18］ | | | | | | | | |
| ↓ 約1070 BC | 拉美西斯11世［KV4］ | | | | | | | | |

主要的通往來世之書 ※（　）內的數字為本書內頁

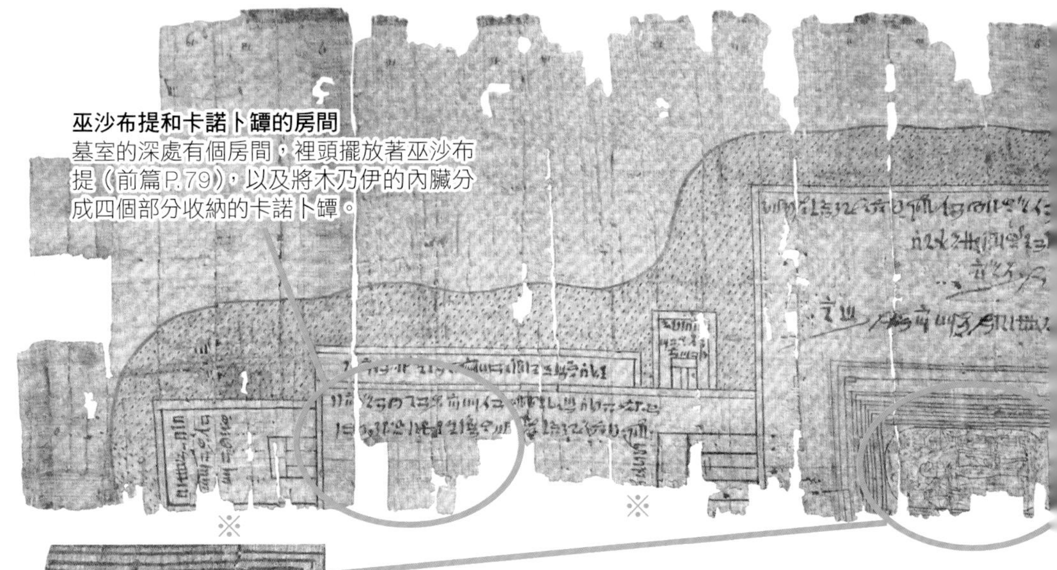

**巫沙布提和卡諾卜罈的房間**
墓室的深處有個房間，裡頭擺放著巫沙布提（前篇P.79），以及將木乃伊的內臟分成四個部分收納的卡諾卜罈。

**繪有拉美西斯四世陵墓平面圖的莎草紙**
自從事陵墓建造的工人之村Deir el-Medina的Nakhtamun之墓出土，Nakhtamun是一名書記。圖紙上以古代的尺度（腕尺）為單位，採取從右到左橫書的方式，記載著各個房間的大小。從右側入口到墓室前，數字基本上與實際陵墓的數字吻合，但墓室的裡面反而是圖紙上的數字比較大。
**新王國時期第20王朝，約1150 BC，埃及博物館（杜林）[C.1885]**

**[左] 保存木乃伊的石棺**
石棺被描繪成從上往下看的圖案，可以看出和其他的陵墓一樣為王名框（象形繭）的形狀。表面刻有受到伊西斯女神（右）和奈芙蒂斯女神（左）守護的法老形象。另外，根據粉紅色的彩繪可以看出當時使用的是紅色花崗岩。石棺周圍以數個櫥櫃重疊的方式呈現。

禮的場景等極少數的壁畫，算是帝王谷中一個例外，堪稱是結構最為簡單的陵墓。

大部分的陵墓中，都繪有一堆令人費解、形態千奇百怪的眾神、人物和魔物等。話雖如此，這些艱澀難懂的陵墓繪畫，大多也只是組合方式不同而已，大部分都是固定的題材。

初期陵墓中的繪畫稱為「冥界之書」（*jmj dwꜣt*），內容是太陽在日落後如何在冥界（即夜晚）行進與復活。法老與太陽神同在，或者被認為就是太

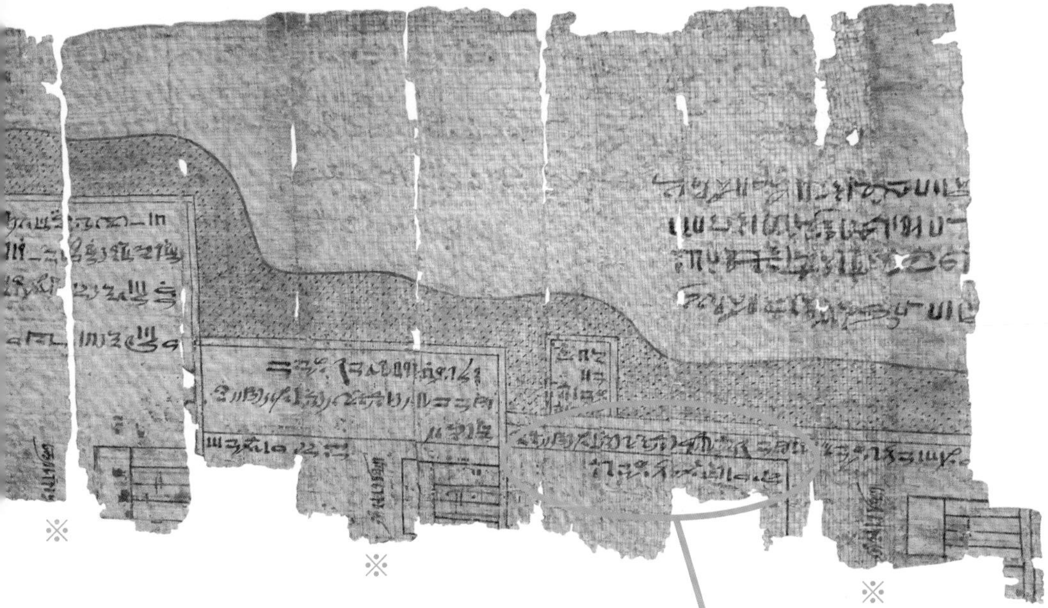

※的門記述分別如下（少部分記述不同）。

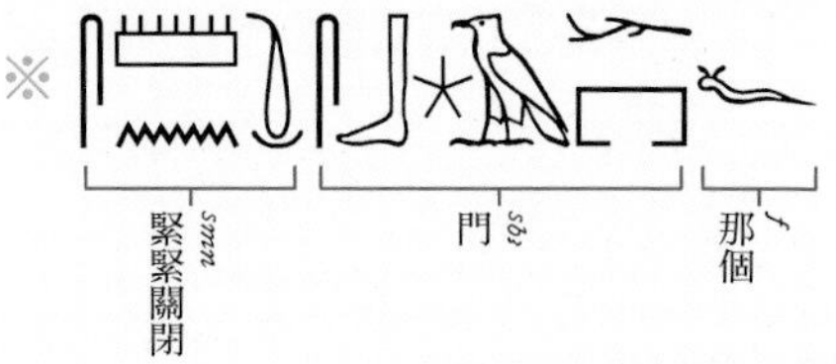

※

緊緊關閉 smn　門 sb3　那個 f

**［譯］**那道門緊緊地關閉著。

**收藏石棺的斜路**

從丟失的右側部分到墓室，是一條用來滑落石棺的斜路。第四塊區域寫有長為25腕尺，寬為6腕尺，高為9腕尺又6掌尺，是在完成牆壁浮雕和上色之後才記載上去的。

1腕尺＝約52.5cm

1掌尺＝約7.5cm

陽本身。

其後，在第19王朝的「門之書」和「洞窟之書」中，太陽的冥界之旅由於與木乃伊有所關聯，使得歐西里斯神和冥界的大地之神等眾神的作用開始備受重視，冥界的形象也隨之改變形式。到了第二十王朝，不僅地下冥界，在天上移動的太陽的重要性也受到強調，甚至整個墳墓內部都表現出宇宙觀。

這樣的表現方式幾乎都只能在帝王谷中看見，與私人墓的形式有著明顯的區別。

關於主要的陵墓採用何種題材，請大家參閱第13頁的表格。

# 冥界之書［存在於冥界（的書）］

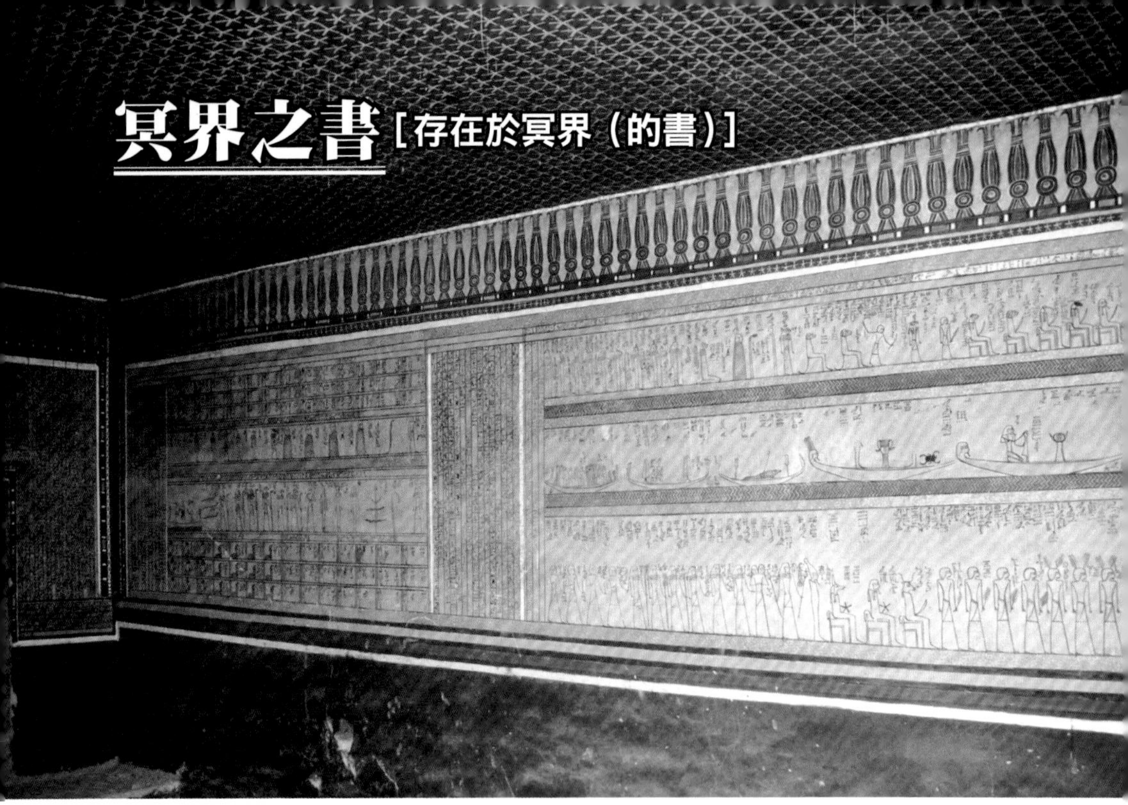

**阿蒙霍特普二世陵墓的冥界之書**
左側是第 1 小時，右側是第 2 小時。於星空的天花板上呈現夜晚的世界。

這是聖書體中被命名為 *imyt dwꜣt*、也就是冥界（之書）的葬祭文。一般會將 *tꜣ mḏꜣt*「～之書」省略，故以「*jmj dwꜣt*」（Amduat）稱之。

圖特摩斯一世陵墓雖然年代久遠，但一般認為這是哈特謝普蘇特重新埋葬父親時所準備的內容，所以現階段可以認為這是從她的時代開始出現的（原案年代不詳）。

「冥界之書」完整的內容出現在圖特摩斯三世陵墓，以及他的宰相烏塞爾阿蒙（Useramen，TT 131）之墓中（現階段於陵墓以外唯一發現）。

內容是將太陽神拉從沒入西方地平線，到第二天出現在東方地平線的路

程，共分成12個小時，並描述這段旅程中太陽神拉的言行、冥界的人們及其活動。這是首度將法老與每天的太陽軌道聯繫在一起的宗教文書。每一段時間都會出現幫助太陽神旅行的眾神，以及試圖妨礙祂前進的魔物和怪物。為了順利度過這段時間，最常用的方法是知道這些人的名字，通過唸出這些人的名字或命令他們，以便進入下一個階段。

一開始採用這個題材的時候，是將12個小時的景象全部描繪出來，但也有一些只摘錄幾個範例，例如圖坦卡門和阿伊的陵墓只有描繪第一小時的一部分，霍朗赫布等陵墓甚至完全沒有描繪。

到了第三中間期第二十一王朝，人們開始在莎草紙捲軸（神話莎草紙）上書寫冥界之書，神官們也紛紛開始加以利用；之後到了托勒密王朝時期，官員等私人間也逐漸廣為流傳。

**出現在冥界之書的眾神及魔物目錄**
通過冥界時遇到的741名眾神和魔物的名字和形象一覽表。若想平安順利地通過冥界，首先必須知道這些神魔的名字。
**圖特摩斯三世陵墓**

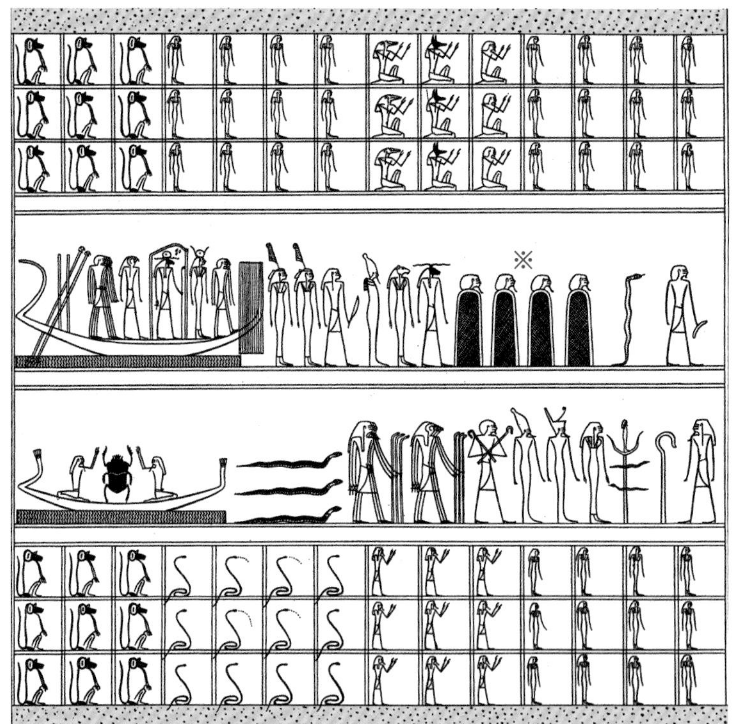

**—第1小時—**

從第2層太陽神以呈現羊頭的 *bꜣ*（靈魂）形象進入最初的冥界之地開始，掌管秩序、正義、真理的女神瑪亞特兩次出現在太陽船前，這反映出之後的第2小時也是由瑪亞特支配。在第2層的聖船上，太陽神被描繪成清晨復活的聖甲蟲形象。也就是說，這也是保證冥界之旅能夠順利結束的一種安心感的表現吧。掌管復活的歐西里斯，於聖甲蟲的兩側表示崇拜。

上方和下方的天之埃及狒狒、時間女神們，以及其他的眾神，被認為是在各種場合表示喜悅之情。

第2層右側的4個有人類頭部、被擬人化的Stela石碑※，暗示著神的支配能力，藉由這種方式，來表示通過他的指令與來世的所有居民進行必要的溝通。

**塞提一世陵墓**

**［冥界之書的線條畫］** 摘自Erik Hornung, "The Ancient Egyptian Books of the Afterlife", 1999

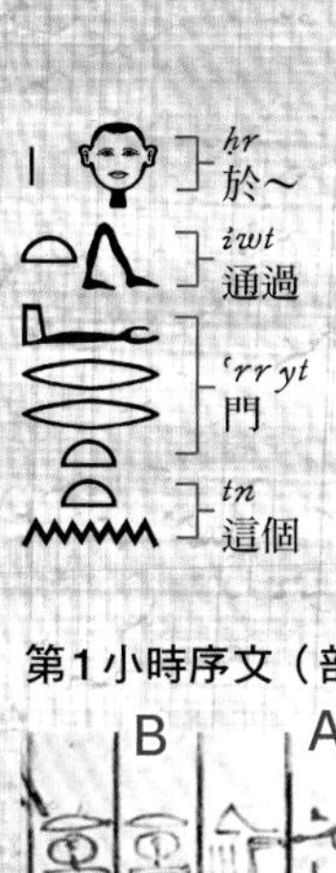


第1小時序文（部分）

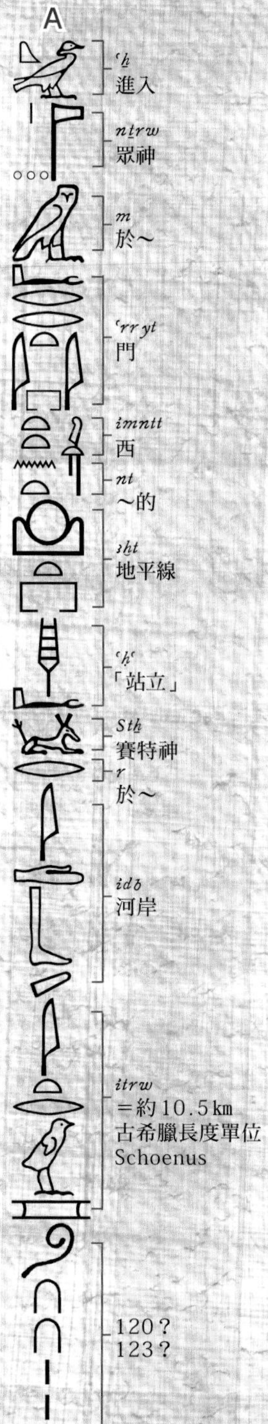


**語譯**

A：眾神進入地平線上的西門。賽特神站在河岸上。需要120 *itrw*（約10.5km）的距離來通過這道門。

※在古埃及人的印象中，冥界的入口大約在10.5公里的地底下。

B：知道偉大的神通過的門和路線，瞭解時間的流逝和那些眾神。

※總之，「知道」是很重要的一件事。

一第2小時一

終於開始冥界之旅。第2小時，拉神乘坐的船在有*wrns*之稱的水面上航行。在第3小時，這個水稱為「歐西里斯之水」。每個小時都描繪成一片充滿水的廣闊場域。太陽船的旁邊伴隨著只在這個小時使用的特別小船。神將陸地作為施予慈悲的故人場所，在那裡的故人們被描繪成手持稻穗或將稻穗插在頭髮上的模樣。主題著重在他們是*wrns*的農夫，以及他們想要和需要的東西。

[右] 象徵哈索爾女神的祠堂型叉鈴和雙女神，以及聖甲蟲乘坐的船，船尾和船首各有一頭戴兩片大羽毛裝飾頭冠的人頭。前方的船上載著由新月和滿月組合而成的月亮，以及支撐瑪亞特女神的象徵（鴕鳥羽毛）的男子。

[下] 船首和船尾有眼鏡蛇裝飾，船上有麥穗和沒有手臂的男女；前方的船上載著兩根*sḫm*權杖和鱷魚，船首和船尾有白冠和紅冠。

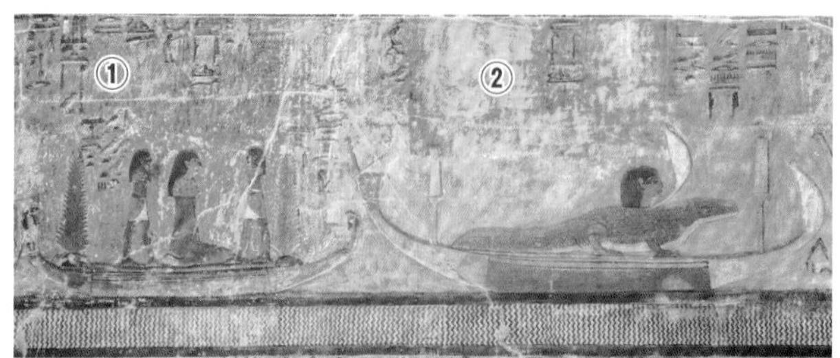


手持麥穗的男人，插在髮上的男人

塞提一世陵墓

## －第3小時－

上層有各式各樣的神並列。中層的左側是羊頭太陽神所乘坐的船，前面的三艘船分別載著太陽神變化的形象。下層是歐西里斯以頭戴白冠和紅冠的形象多次出現。
在結束這個小時的文書中，描述著拉神回過頭來，直接和歐西里斯面對面的景象。另外，據說也會遇到用匕首將所有敵人變成無害之物的人們。

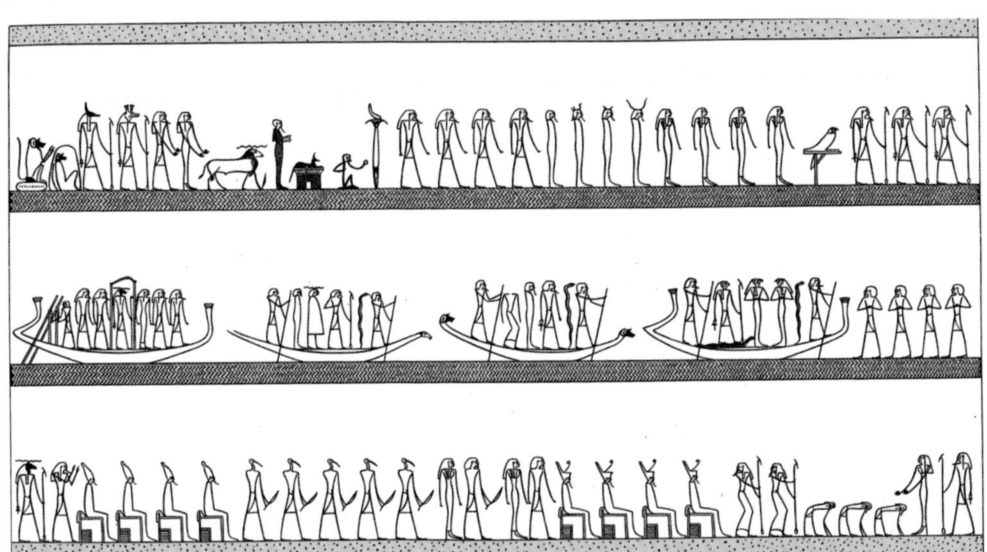

**[右上層]** 左側是埃及狒狒以膜拜的姿勢坐在沙子上，其前方有個製作成木乃伊的埃及狒狒被供奉在櫥櫃裡。胡狼頭神和鱷魚頭神前面的男女皆擁有太陽神之眼。

**[右下層]** 呈現羊頭 *bꜣ* 形象的太陽神拉乘船前進的景象。前面的船，船首和船尾都飾有母獅裝飾，船上載著身穿塞德節（王位更新祭）服飾、頭戴羊角的人物。

**[下]** 出現掌管尼羅河泛濫的庫努牡神，也為冥界帶來肥沃環境。還有頭戴白冠的4種歐西里斯形象，以及手持匕首的朱鷺（鳥）頭神。

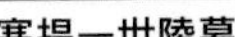
塞提一世陵墓

—第4小時—

描述區域曾受到豐沛水源灌溉的內容於第3小時結束。第4小時的描述開始延伸至羅塞塔烏（Ra-setjau），以及「墓地守護神索卡爾的土地，祂的沙上之物」的沙漠。那裡是長有腳和翅膀的怪蛇蠕動身體的世界。

充滿火焰的鋸齒形道路上有好幾道門，時間就在受到門阻擋的情況下不斷流逝。此前一直在水上行駛的聖船，在這個小時裡變成被繩索牽引的狀態。另外，聖船的船頭和船尾也變成了巨蛇，為了能突破這個難關，在航行時巨蛇會吐出火焰的氣息。在這段黑暗恐怖的時間之中，黑頭白鷺神和獵鷹頭神會守護著瓦吉特之眼，施展治癒術。在這段時間的最後，突然受到有翼太陽圓盤的迎接。

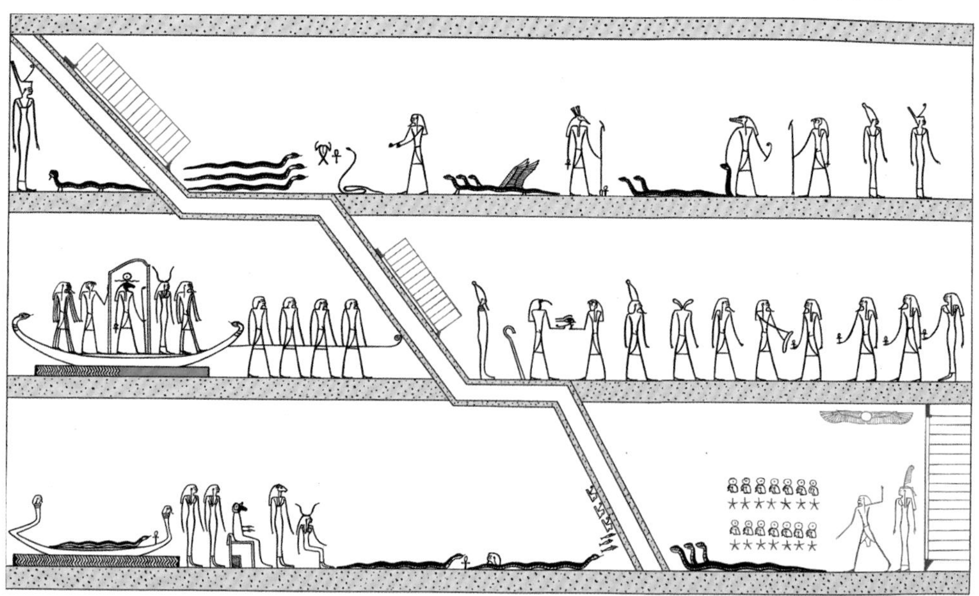

拉美西斯六世陵墓

**[上]** 化身為蛇的塞爾凱特（Serket）女神（蠍子），看守著通往羅塞塔烏（Ra-setjau）的道路。

**[上]** 有3個頭、翅膀和人腳的蛇，是棲息在難以接近之地的偉大之神。
其下方的黑頭白鸚神和獵鷹頭神的手上，所捧著的是索卡爾神的瓦吉特之眼。祂們正對在黑暗中受到威脅的眼睛施展治癒術。

**[上]** 守護墓地（*ỉmḥt*）的蛇所搭乘的莎草紙船，航行於祕密的道路上。船首和船尾都擺著人頭。

**[照片] 拉美西斯六世陵墓**

**[右]** 舉著手、方向相反的男性（天上之人）和瑪亞特女神站在路程的最後。這裡列出14組太陽、人頭、星辰。在凱布利（聖甲蟲）誕生之前，有翼太陽圓盤會在這裡提供光明。

－第5小時－

冥界之書將時間分成12個小時，這樣的描述被認為是很有特色的劃分。人們認為，這些時間是古埃及人將心目中的冥界本質呈現出來。

儘管其中也有水的表現，但這並非為了穀物，而是暗示著有人溺死（第10小時）。

上層的中央描繪著歐西里斯的沙丘塚。墳塚上有表示「黑暗、夜晚」之意的文字（右），左右分別是悲嘆的伊西斯和奈芙蒂斯，以兩隻鳥的形象呈現，墳塚下還出現象徵太陽神日出形象的聖甲蟲。

這段時間雖然沒有邪惡魔物襲擊聖船，但必須通過中央的狹窄道路。從墳塚中現身的聖甲蟲伸出雙腳牽引著聖船的繩索。

接著，聖船進入象徵索卡爾神洞窟的橢圓形之中（這個橢圓形被夾在獅子形象的阿克爾中間）。這個索卡爾神被視同為歐西里斯神，太陽神和歐西里斯在這裡重逢，並合而為一。

這幅景象同樣可以說是整個來世的縮影之一，橢圓形洞窟是夜間進行歐西里斯（在這裡與索卡爾相提並論）與太陽神重逢（融合）的場所；更深入內部，所描繪的是作為處罰場所，將邪惡敵人燒毀殆盡的火焰池。

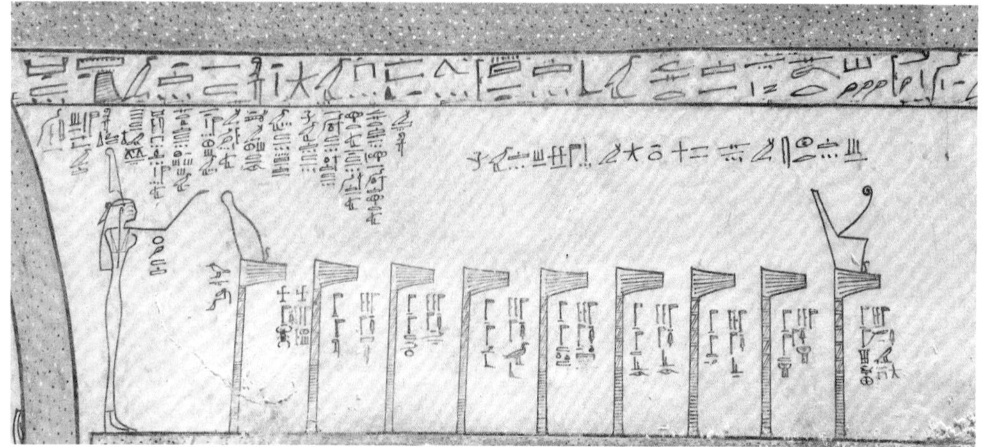

圖特摩斯三世陵墓

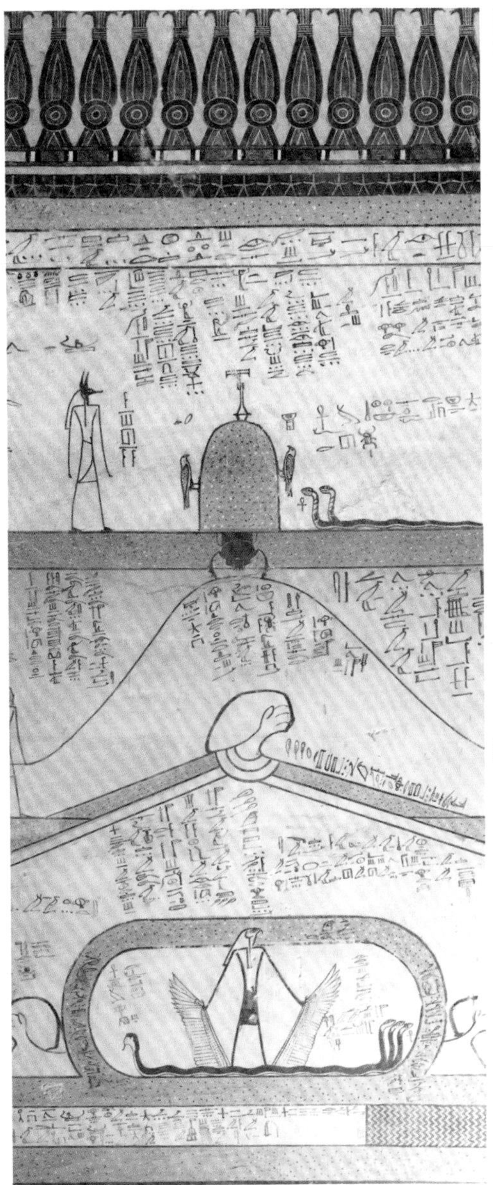

[上] 聖甲蟲之中也有正在製作西洋梨形狀的糞球（梨球）。如果在滾成一團的糞球上產卵的話，產卵的地方就會像西洋梨一樣突出一塊。從卵中孵出的幼蟲以糞球為食，直到長成成蟲。墳塚中之所以有聖甲蟲現身，或許就是觀察這種蟲的生態而來。
這座拉美西斯六世陵墓的墳塚形狀，看起來就有如真實的糞球剖面一般。
**拉美西斯六世陵墓**

**[照片] 圖特摩斯三世陵墓**

[下] 這道門到左邊的門之間是索卡爾的土地。一開始排列4顆著火的人頭，作為將太陽神的敵人完全燒毀殆盡的火焰象徵。「4」這個數字代表從四方包圍，用來強調「完全」、「無一遺漏」。

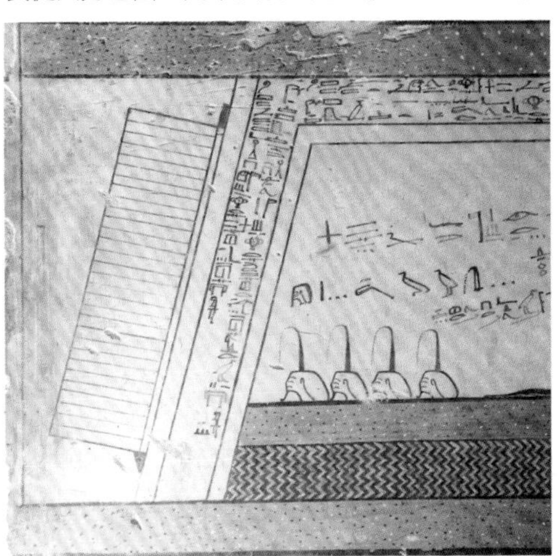

[左] 這段時間的開頭是女神位於返老還童、充滿重生力量的水。其次依序為南方之神凱布利、大氣之神舒、溼氣之神泰芙努特、大地之神蓋布、天空女神努特、冥界之王歐西里斯、歐西里斯之妻伊西斯、歐西里斯之妹奈芙蒂斯、冥界的北方之神荷魯斯。
右邊的文字為神的意思，名字寫在其右側。

## －第6小時－

結束索卡爾的沙漠時間，繼續朝冥界最深處前進。這時，太陽船到達充滿原初之水的洞窟。①

同樣在第二段的結尾，太陽的遺體橫臥，與*bꜣ*（靈魂）合而為一。因此，遺體並非木乃伊的形象，而是頭頂象徵太陽日出形象的聖甲蟲。②

還有一點，上層的太陽神也以雄獅的形象③呈現，被稱為「擁有數千種聲音的公牛」。這暗示著作為*bꜣ*（靈魂）和遺體的太陽神，於夜間（冥界）的最深處與歐西里斯合而為一，迎向重生。

在這個重要的時間點，描繪著頭戴Uraeus（眼鏡蛇）、白冠及紅冠的*ḥkꜣ*（權杖）④，以此強調上下埃及法老的身分。這些都呈現出埃及法老的重生復活。第二層的聖船前面坐著埃及狒狒形象的托特神⑤。神治癒了站在面前的女神藏在身後的太陽神之眼，施展點亮新光的法術⑥。

下層由原始之水的主人索貝克（左側）和努恩（右端）掌管，作為9根噴火的蛇杖⑦之一，大地和地底深處的主人塔添能（Tatenen）於此處登場。荷魯斯的4個兒子從侍奉中央太陽神的蛇身之中出現⑧。

在深夜的這段時間裡，太陽開始閃耀全新光芒，但那道光也會招來危險的邪惡之物。從接下來的第7小時開始，巨蛇阿佩普（Apophis）現身。

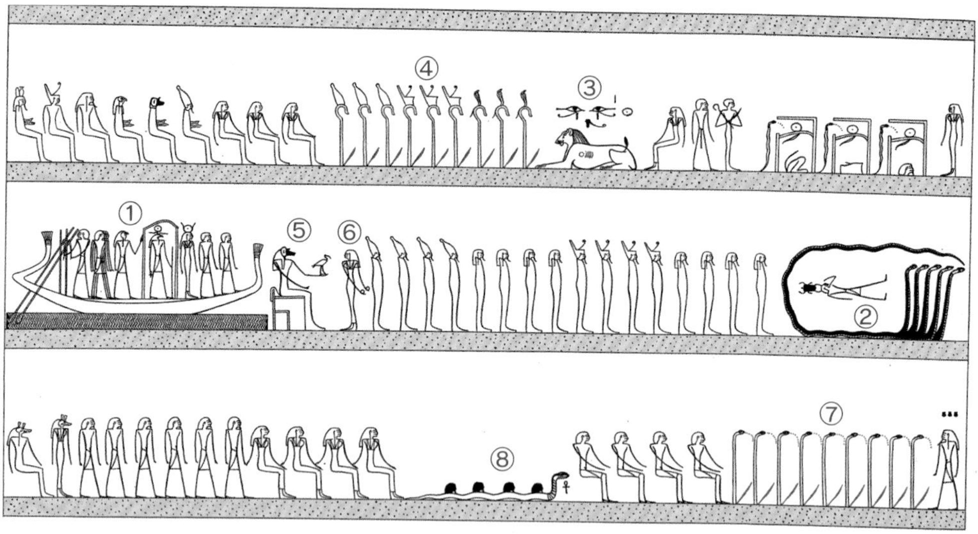

④ ③ ① ⑤ ⑥ ② ⑦ ⑧

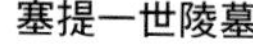
塞提一世陵墓

[右～下] 右邊和下面的照片呈現這段時間的兩個片段。
在太陽船前，埃及狒狒形象的托特神坐在王座上，祂的前面還描繪著另一個同樣象徵托特神、以黑頭白鸝的形象呈現。收納太陽圓盤和匕首的箱子，由燒死邪惡之物的蛇和女神守護著。
**拉美西斯六世陵墓**

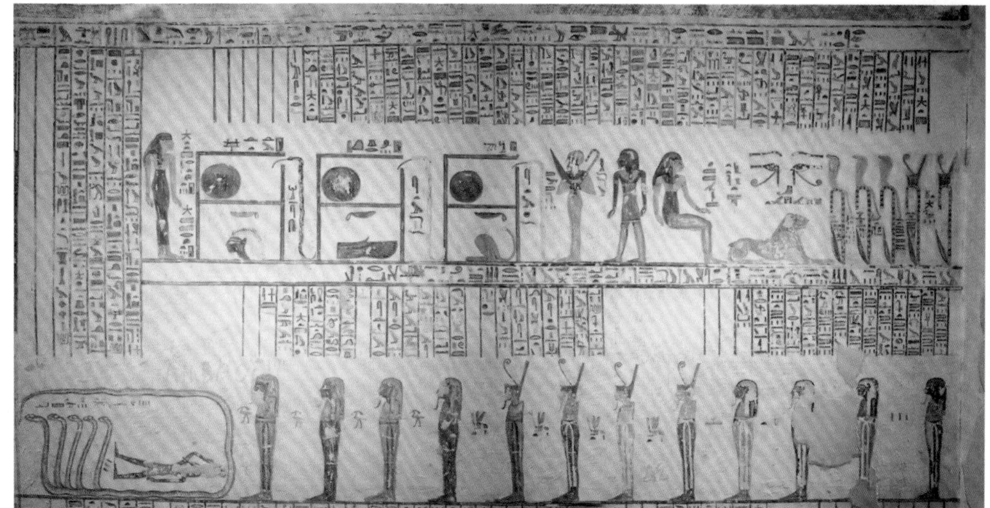

[右] 像拐杖一樣昂首直立的蛇，旁邊也準備用來斬殺敵人的匕首，同時呈現口吐火焰的景象。
拐杖從左到右分別附上荷魯斯、歐西里斯、蓋布、舒、凱布利等神祇的名字。此外還有塔添能（Tatenen）、努恩（Nun）、阿圖姆（Atum）、赫泰皮（Hetepy，供品之神）、威皮烏（Wepiw，審判之神）等名字。
**塞提一世陵墓**

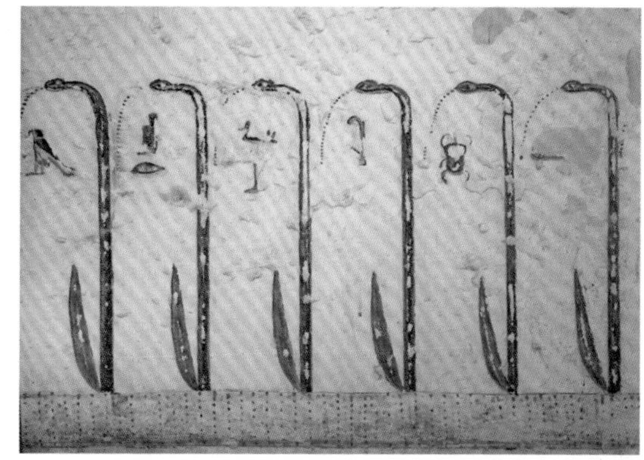

## －第7小時－

巨蛇阿佩普（Apophis）出現在新生的太陽神所乘坐的聖船前方，打算妨礙船隻航行。阿佩普橫臥在沙灘（沙漠）上，試圖阻止新生的光芒繼續前進，但它的企圖永遠都不會得逞。

阿佩普每天都被伊西斯和賽特施以魔法，且塞爾凱特在它的身上加上束縛（插入匕首①），另一個（塞爾凱特的）助手使其殘廢動彈不得。

最大的變化在於，從這個時間開始，船的祠堂化為蛇神*mḥn*②，以此守護太陽神。在上層，受到蛇神*mḥn*保護的歐西里斯面前，歐西里斯的敵人被貓頭或擁有貓眼的鬼神束縛，腦袋悉數砍落在地③。

還可以看見3只頭戴王冠的人頭鳥*bꜣ*（靈魂），以及坐在巨蛇上的阿圖姆神④。

4個箱子裡擺放著太陽神的遺體，每個箱子都用匕首保護著⑤。

在下層，太陽神以「冥界的荷魯斯」的身分坐在王座上，對擬人化的各個星辰指示各自的軌道。

最後的場景為，歐西里斯被埋在地下，所以有一片露出其頭部的大地；棲息在那裡的鱷魚打撈飄浮在水中的碎肉殘肢，將被遺棄的神祇遺體收集起來⑥。

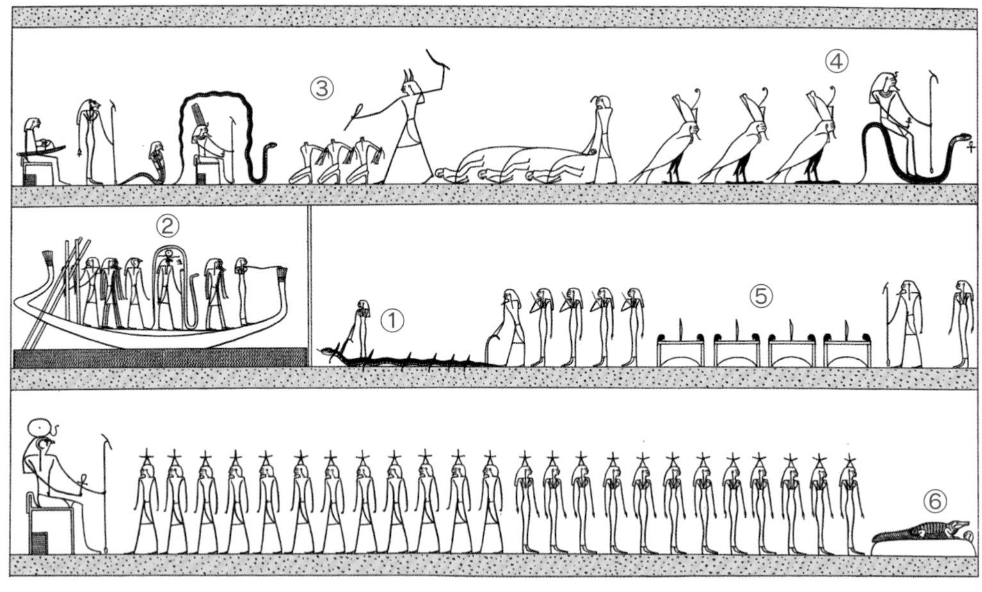

塞提一世陵墓

[右] 右邊的土堆寫有「歐西里斯的頭」，鱷魚則有「冥界的鱷魚」等敘述。
將原本是危險動物的鱷魚視為同伴，作為在冥界的一大助力。
**拉美西斯六世陵墓**

**－第8小時－**

上下兩層分別被門區隔成5個洞窟（地下室）。那些門是在太陽神的命令之下開啟。洞窟內的眾神都坐在有「布、紡織品」之意的 *mnḫt* 文字（右）上。根據補充的內容來看，這些布是祂們的衣物。

這段時間的主題為衣物的供給，這是在來世第一個最想要滿足的物資。此外，眾神和死者們的 *bꜣ* 也會從這些洞窟（地下室）滿臉春色地回答。不過，這時的喜悅之聲，在神的耳裡聽來只是一種明確的語言，但在人的耳裡聽來，卻只能聽見動物的叫聲或大自然的聲音（金屬的碰撞聲或水聲等）。此為聲響在來世失真的一種現象。

在中間層，男人們用繩索牽引著聖船緩緩地走向最終目的地。接著是被擬人化的 *šmsw*（跟隨者）的文字（右），用來代表神的權威和「隨從」。再來是塔添能神的4頭羊（在新王國時期末期變成4頭太陽羊的形象）也登場了。

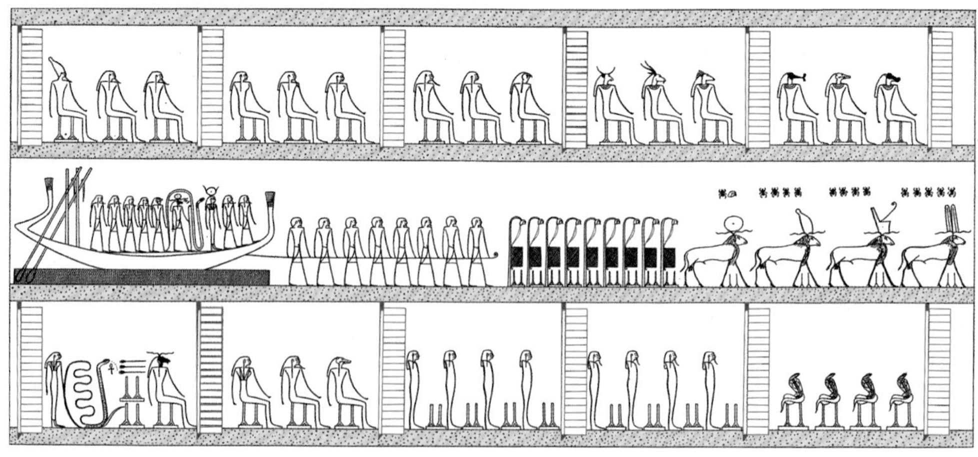

［左］跟隨者 *šmsw* 與 *mnḫt* 的文字。

塞提一世陵墓

［右］也備有守護蛇 *mḥn* 與武器。

拉美西斯六世陵墓

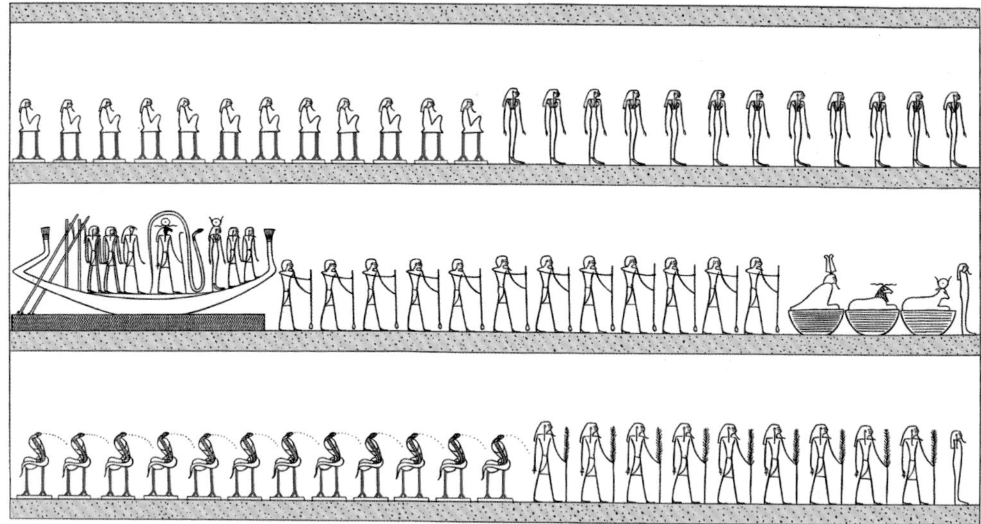

## －第9小時－

太陽船的船員備受關注。在中層的中央，他們呈現手握船槳的形象。其前方還描繪了3座有關向故人提供物質的聖像。上下層是接續第8小時的內容，確保衣物供應無虞。上層坐在*mnḫt*（布、紡織品）上的眾神為「打倒歐西里斯敵人的陪審員」。前面的女神們負責照顧歐西里斯，不過她們也具有擊退敵人的力量。下層的12個Uraeus（眼鏡蛇）也是用來討伐敵人，其前方的9柱「原野諸神」則手持麥穗（或椰棗葉），確保死者的穀物供應無虞。最右邊是守護這段時間的木乃伊。

**[右]** 大籃子上蓋著神聖裝飾的蓋子。從左到右依序是頭頂兩片大羽毛的神、山羊、頭頂太陽圓盤的牛。
下層男人們手持的拐杖，有別於上圖的線條畫。
**塞提一世陵墓**

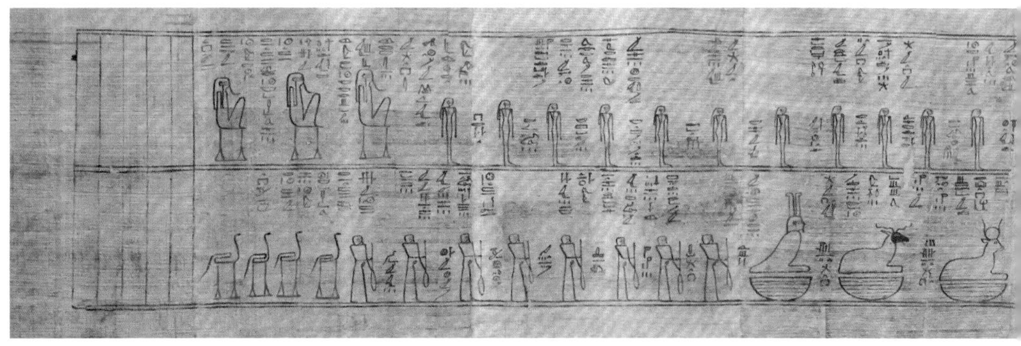

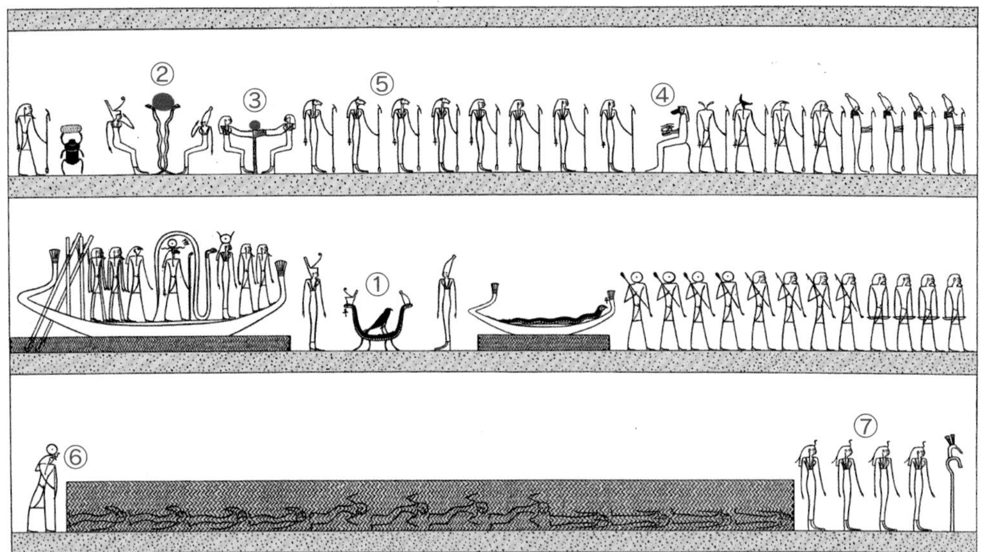

下層的水，是以人在意為「水」的文字（右）之間漂浮的方式來呈現。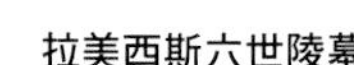

**拉美西斯六世陵墓**

**拉美西斯六世陵墓**

冥界之書的莎草紙（第9-10小時）
第三中間期，1070-664 BC，羅浮宮美術館［E3451］

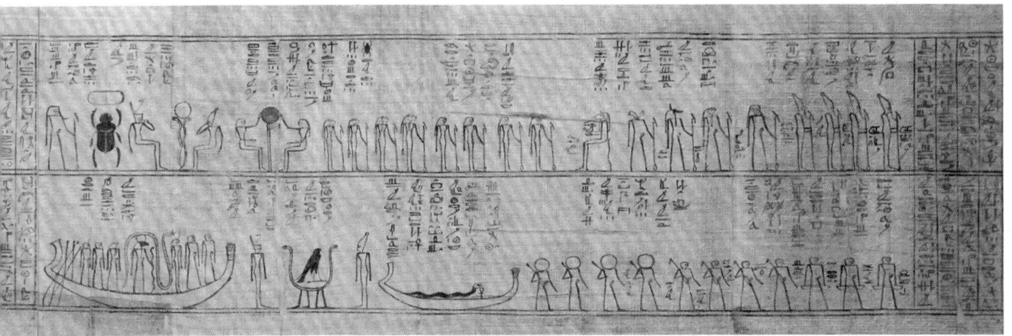

－第10小時－

在中層，索卡爾的*bꜣ*（靈魂＝巨蛇中的獵鷹）出現在太陽船的前方①。為了與黑暗中的敵人戰鬥，*bꜣ*伴隨著持有各種武器的太陽神守護者。

上層是關於太陽神之眼的描述。位於女神之間的兩條蛇捧起太陽圓盤②，意為神的文字上的太陽圓盤③，這些都代表太陽神之眼。埃及狒狒形象的托特神正在施展拯救和治癒太陽神之眼的法術④。母獅頭的塞赫麥特⑤是以各種形象呈現的治癒女神，其他眾神也肩負守護眼睛的任務。

下層漂浮著溺死在水中的人們。亡者的遺體原本必須製成木乃伊，進行特定的儀式；可是溺水而亡的人，遺體不是找不到，就是受到毀損。站在水邊的荷魯斯⑥使這些死者的身體免於腐爛，儘管沒有受到安葬，但神的慈悲會將其送往冥界。這裡的原初之水被認為是重生的要素，充滿了整個夜晚的時間。雖然這裡受到黑暗所支配，但通往飲水處的四柱女神⑦會照亮太陽神前進的道路。

塞提一世陵墓

－第11小時－

太陽即將從東邊的山（地平線）升起，往那裡移動的行動愈發頻繁。太陽①出現在太陽船的船首。有「圍繞世界之物」之稱的巨蛇*mḥn*②出現在聖船前，受到眾人搬運。後面的第12小時，太陽重生的奇蹟將在*mḥn*之中上演。伊西斯和奈芙蒂斯也化身為蛇，並將紅冠和白冠運到東門③。那裡站著化為4種形象的奈特女神④。

上層站著頭戴紅冠和白冠的雙頭神⑤，太陽圓盤就位於兩個頭之間，宛如太陽神作為時間支配者的形象。緊接著是擁有4條腿和翅膀的蛇，阿圖姆神抓住蛇的翅膀站在那裡⑥。阿圖姆神頭頂太陽圓盤，太陽圓盤的兩側有瓦吉特之眼。時間女神⑦也和蛇一起現身。為了與太陽神的跟隨者一起迎接新的日出，祂們做好萬全的準備，以免錯過最佳時機。而四柱女神乘坐的雙頭蛇⑧會噴出打倒敵人的火焰。

在下層，被殺死的敵人會掉進火焰圍繞的洞裡⑨。有「燃燒數百萬之物」之稱的巨蛇，和手持匕首進行威嚇的女神們一起給予敵人致命一擊，消滅妨礙太陽升起的所有事物。荷魯斯⑩一邊看著這一幕，一邊對他父親的敵人說出責備的話語。最右邊是頭頂沙漠（*ḫꜣst*）文字（右）的女神，和保護她們的時間之神⑪。在日出之前，必須排除東方沙漠任何阻礙日出的事物。

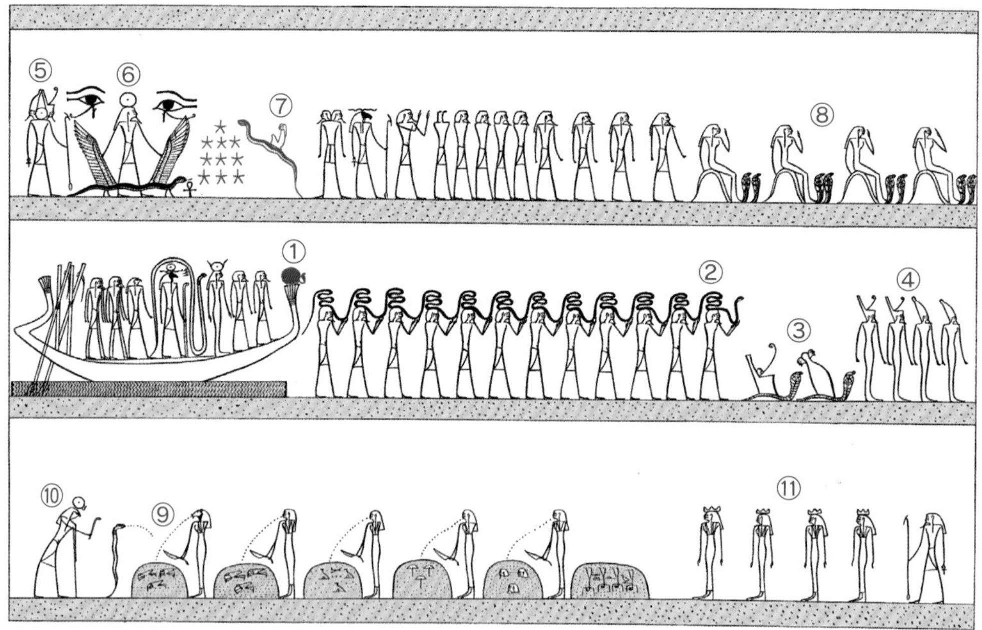

拉美西斯六世陵墓

[上] 太陽圓盤出現在船首。*mḥn* 也守護著太陽神站立的祠堂。
**圖特摩斯三世陵墓**

右邊的照片連接下面的照片，與圖特摩斯三世的壁畫流程有所不同。
**拉美西斯六世陵墓**

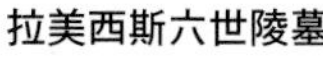
**拉美西斯六世陵墓**

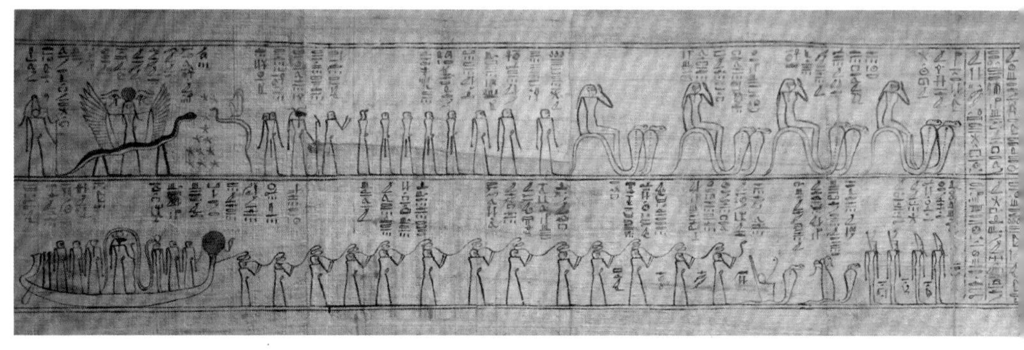

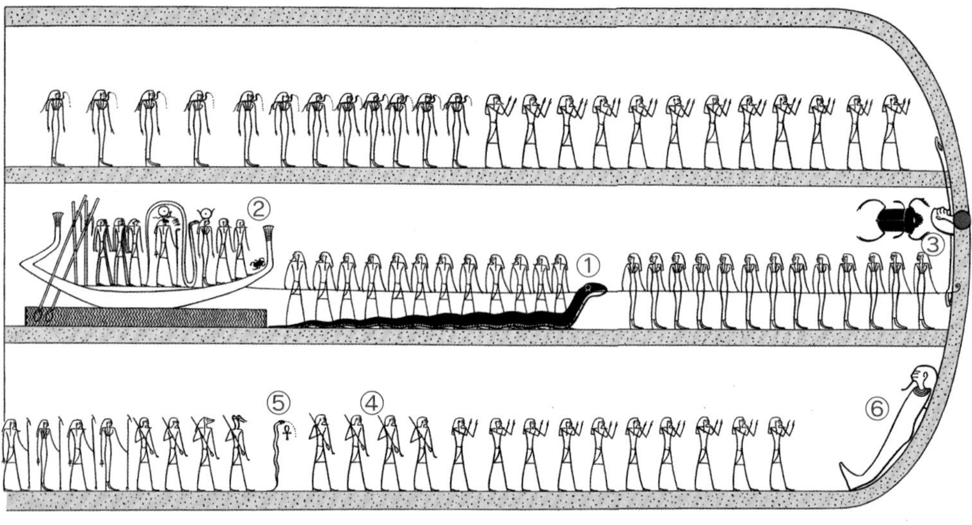


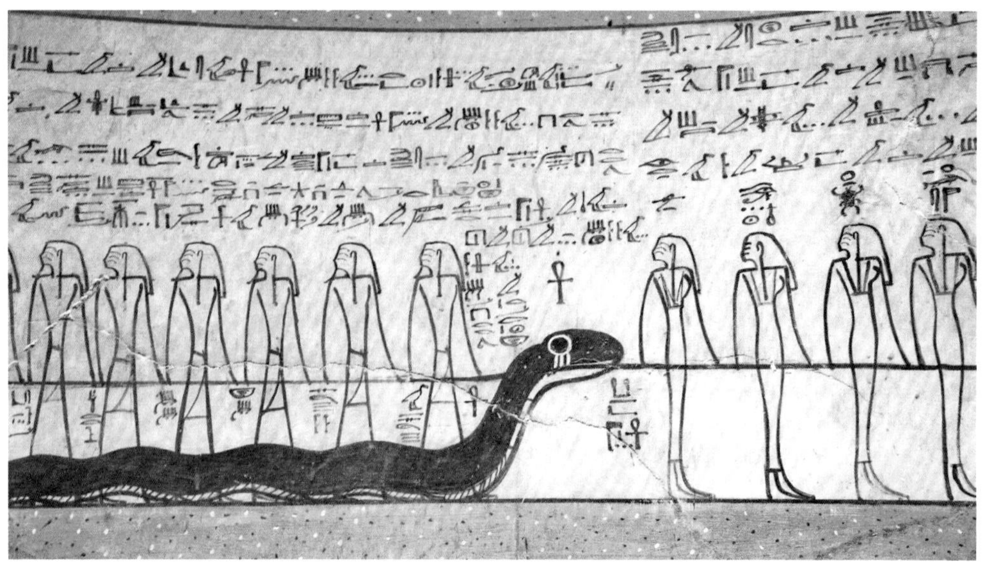

圖特摩斯三世陵墓

冥界之書的莎草紙（第11-12小時）
第三中間期，1070-664 BC，羅浮宮美術館［E3451］

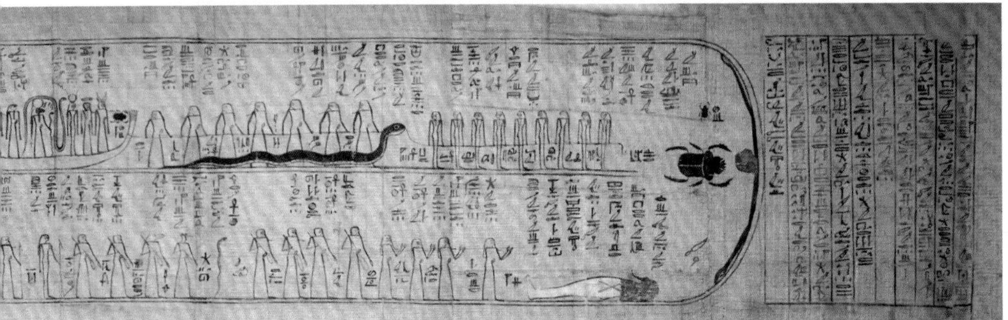

## －第12小時－

為了在太陽神重生之際重現原初的創造，原初的眾神於下層登場。在第11小時做足準備的太陽神重生儀式，將在「圍繞世界之物」的巨蛇 *mḥn* 體內進行。

載著太陽神的船，從蛇的體內受到眾神的牽引（繩索穿過蛇的頭部①）。船首已經從原本的羊頭 *bꜣ*（靈魂）換成日出太陽神形象的聖甲蟲②。

透過從 *mḥn* 的尾巴穿過頭部，來呈現時間的倒流。文章在從尾巴進入時記載「所有人皆已衰老，但從嘴巴出來時都會變成新生兒」等內容。在這段時間的結尾，聖甲蟲張開雙臂迎接舒（大氣之神）的到來。接著，舒把太陽推上天空③。

上層和下層均為對太陽神、歐西里斯表現出喜悅和崇拜的眾神。與此同時，為了慎重起見，手持船槳的眾神④、口吐火焰的蛇⑤（下層中央），又再度將邪惡的巨蛇阿佩普（Apophis）驅逐。

太陽離開冥界後，女神繼續為死者照射光芒。冥界在一瞬間被開啟，但舒很快地便將其封印起來，太陽神的夜間之旅就此結束。

下層的最後，歐西里斯變成了木乃伊⑥，所有的死者再次深陷死亡的夢鄉。

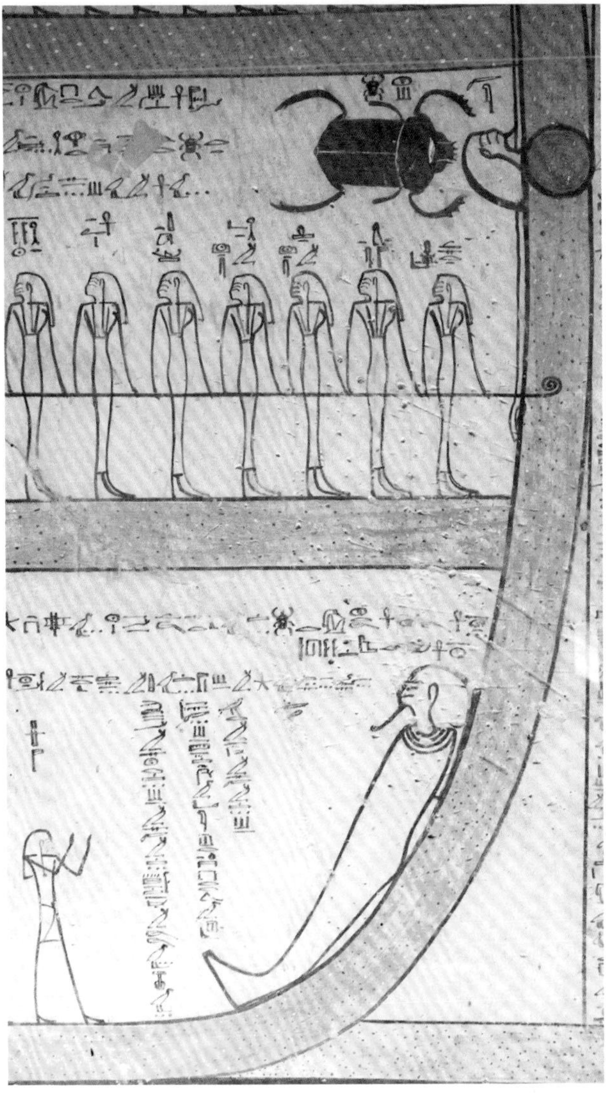

圖特摩斯三世陵墓

# 冥界之書　第12小時的最終場景

圖特摩斯三世陵墓

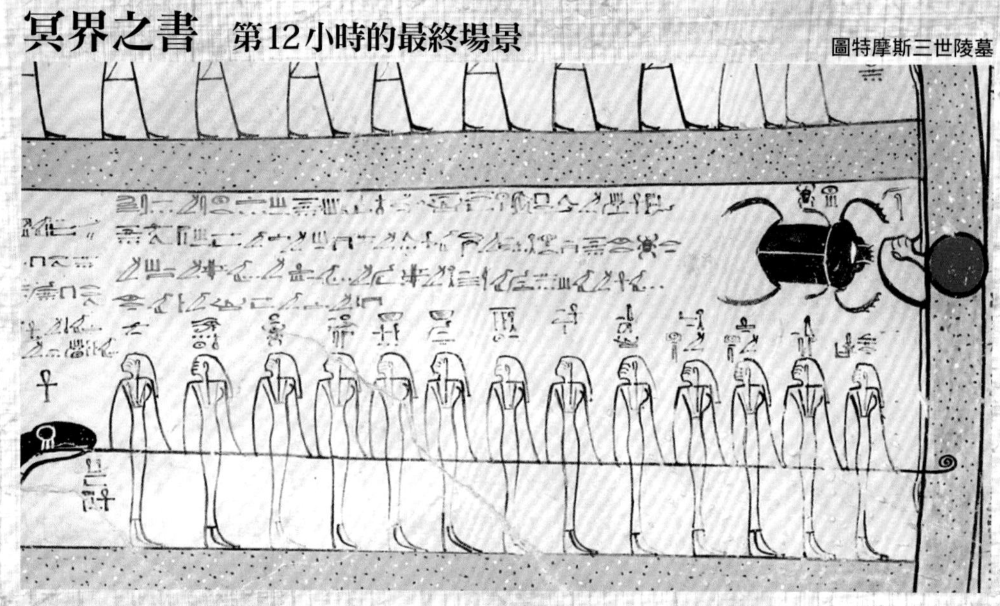

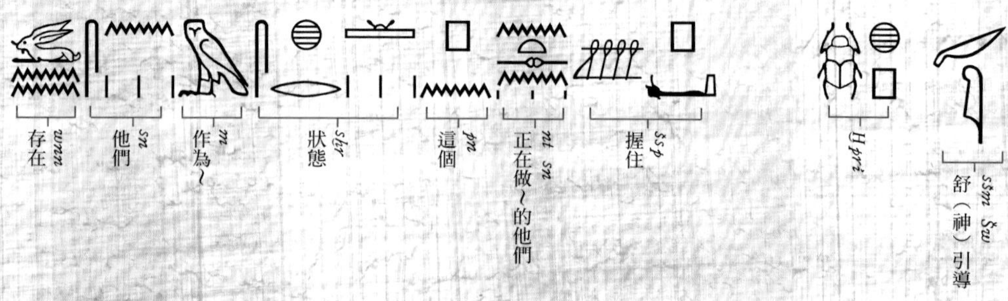


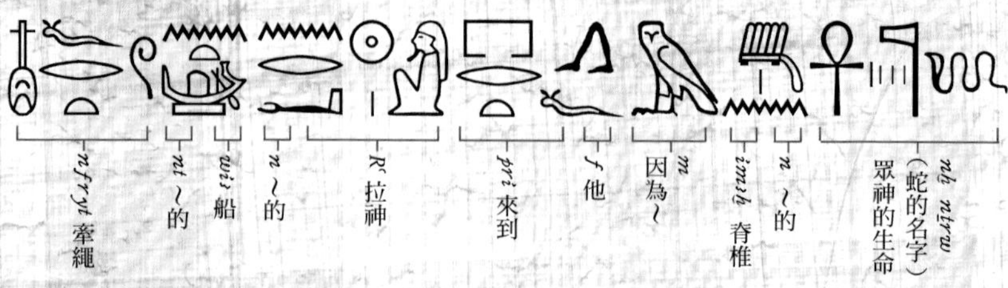

※這個聖書體的文章和一般不同。文章雖然是從左向右橫書，但文字的方向卻和一般相反（請參考鳥類的字母）。本書是將這個部分修改之後才刊載，因此和原文進行比較時，還請大家留意一下。

**語譯：**他們處於這樣的狀態。他們握著太陽船的牽繩，這艘船從有「眾神的生命」之稱的蛇的脊椎上通過。他們牽著這位在天上的偉大之神，將祂引導至天空的道路上。他們引起颳風、平靜、暴風雨、降雨等天上的現象。他們向有生命的人宣告有關偉大的船在天空的任務。

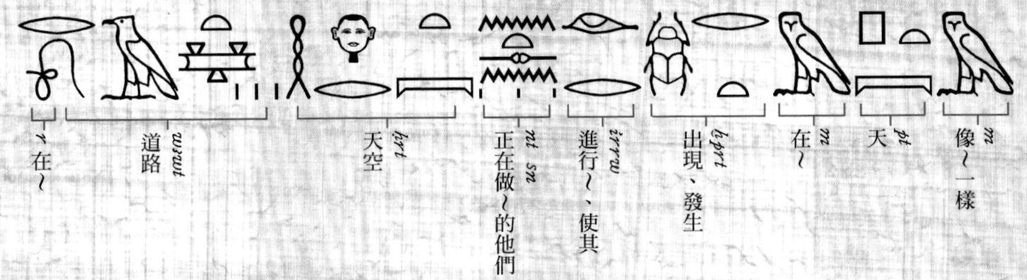

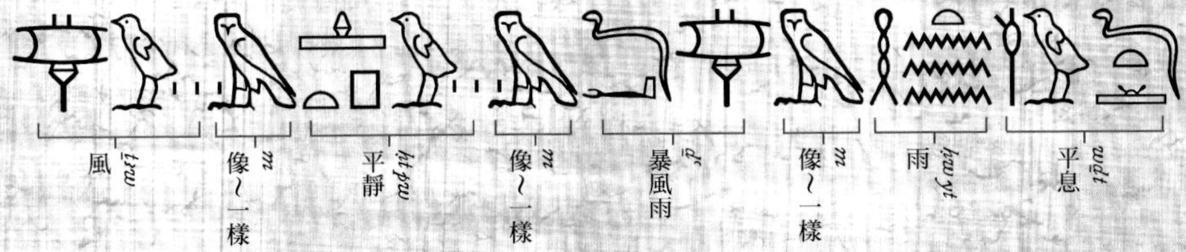

| *nt sn* | *sṯꜣw* | *nṯr* | *pn* | *ꜥꜣ* | *m* | *pt* | *sšmw* | *sw* |
|---|---|---|---|---|---|---|---|---|
| 正在做~的他們 | 牽引 | 神 | 這個 | 偉大的 | 在~ | 天 | 帶路、引領 | （將）他 |

| *r* | *wꜣwt* | *ḥrt* | *nt sn* | *irrw* | *ḫprt* | *m* | *pt* | *m* |
|---|---|---|---|---|---|---|---|---|
| 在~ | 道路 | 天空 | 正在做~的他們 | 進行~、使其 | 出現、發生 | 在~ | 天 | 像~一樣 |

| *ṯꜣw* | *m* | *ḥtpw* | *m* | *dꜥ* | *m* | *ḥwyt* | *wḏt* |
|---|---|---|---|---|---|---|---|
| 風 | 像~一樣 | 平靜 | 像~一樣 | 暴風雨 | 像~一樣 | 雨 | 平息 |

| *sn* | *pw* | *m* | *ꜥnḫw* | *irrt* | *wiꜣ* | *ꜥꜣ* | *m* | *pt* |
|---|---|---|---|---|---|---|---|---|
| 他們 | 這個 | 在~之間 | 生者 | 活動 | 船 | 偉大的 | 在~ | 天 |

# 太陽神拉的讚歌

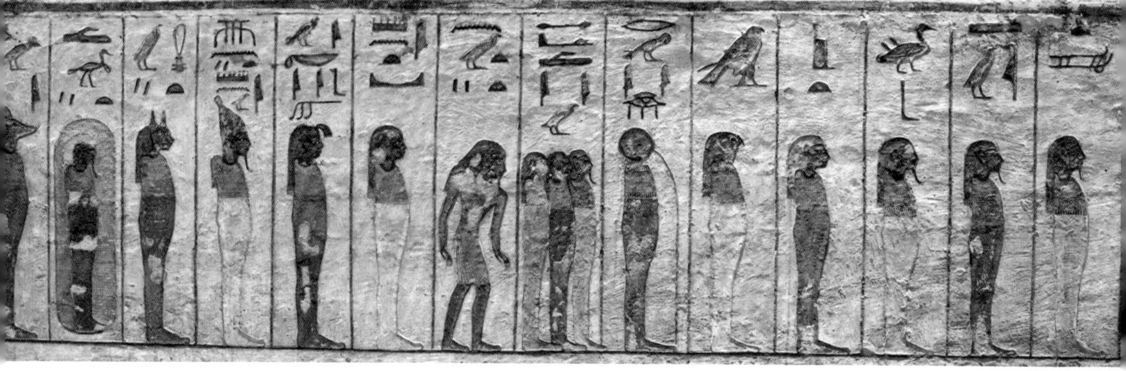

一般稱為「拉的讚歌」、「給太陽神拉的連禱」，正確的名稱為「給西方拉神的祈禱書、給在西方合體之人的祈禱書」。新王國時期以後，圖特摩斯三世陵墓最早被記載於陵墓和高級貴族墳墓之中。

下一頁為卷首插畫的圖像，中央描繪的是象徵白晝太陽的聖甲蟲，以及象徵冥界（夜間）太陽的羊頭人物，呈現出太陽的完整狀態。其上下描繪著正欲逃跑的蛇和鱷魚，以及從沙漠中探出頭來的野生羚羊，這些被認為是與拉神敵對的象徵。

讚歌開頭描述太陽神拉在冥界變身時的模樣，其周圍寫有讚揚這些形象的文書。拉神與歐西里斯神合體，白天在天上作為拉・歐西里斯，夜晚進入冥界反覆變身，在冥界懲罰罪孽深重之人，救濟經常行善之人，與太陽神一起保障某位法老每天重生，使其不會迷失在西方的道路上等等，在重生復活的過程中，持續祈禱拉神帶來幫助。

埃及人認為去世的人會來到太陽神的身邊，和祂一起行動。

**太陽神拉的變身**、照片是40個在冥界變身的拉神形象。奈芙蒂斯女神及伊西斯女神分別在上層和下層面朝太陽神。她們的身邊都有胡狼形象的阿努比斯神隨侍。分別描繪在陵墓的通廊左右兩側的牆壁上。 **拉美西斯三世陵墓**

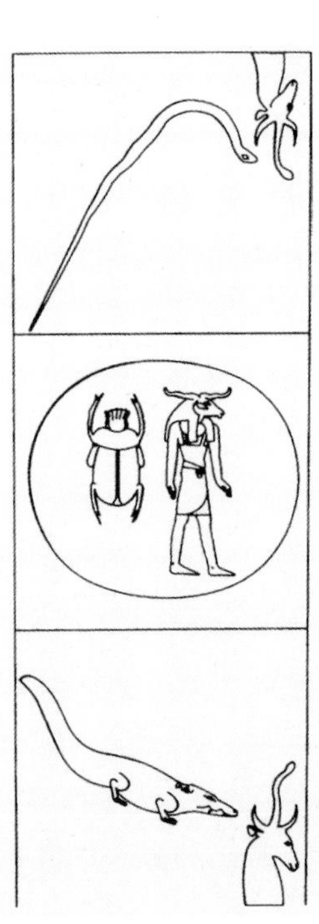

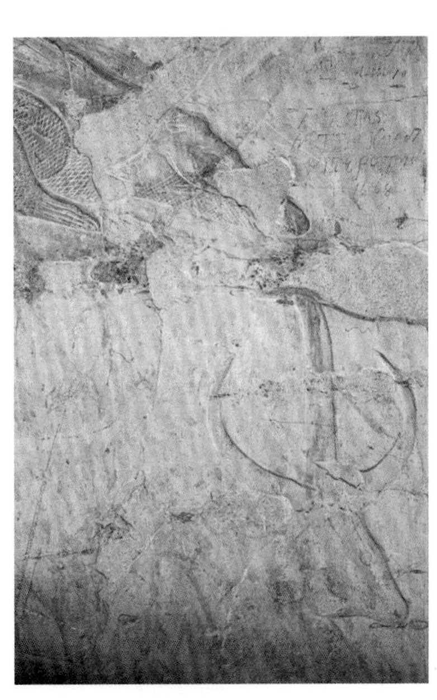

太陽神拉的讚歌的卷首插畫
[左] 拉美西斯三世陵墓
[上] 塞提一世陵墓

# 太陽神的 74 種形象和名字

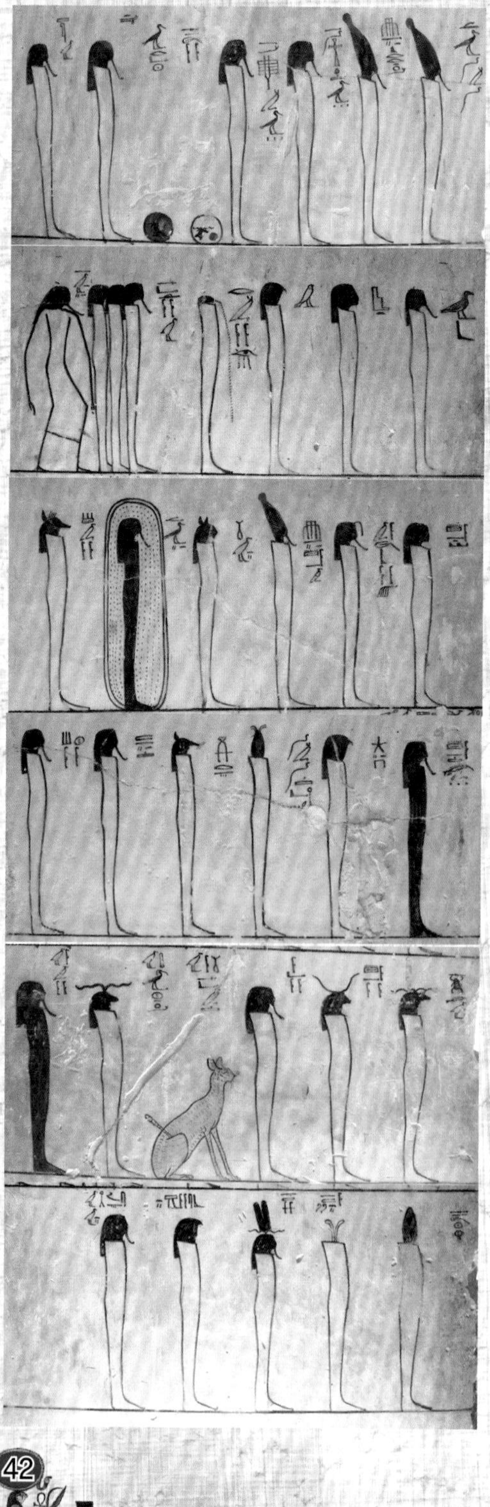

舒
阿圖姆
拉的靈魂
黑暗者
靈魂中的風
靈魂守護者
位於洞窟前的人
合而為一的Deba

奈圖提
巨大魚群
嘆息者
荷魯斯
伊西斯
蓋布

命運
德瓦提
貓之人
西方第一人
服喪者
西

旅行者
應受尊重（？）者
大地的供給者
重新裝上四肢者
冥界的他
隱藏起來的遺體

伊烏提
眼睛發亮說話的他
偉大的貓
被抬高者
隱藏者
製造身體者

進入者、步行者
塔添能
束縛者
陰沉的臉

使大地煥然一新者、兩座神廟（阿圖姆）

【上層】

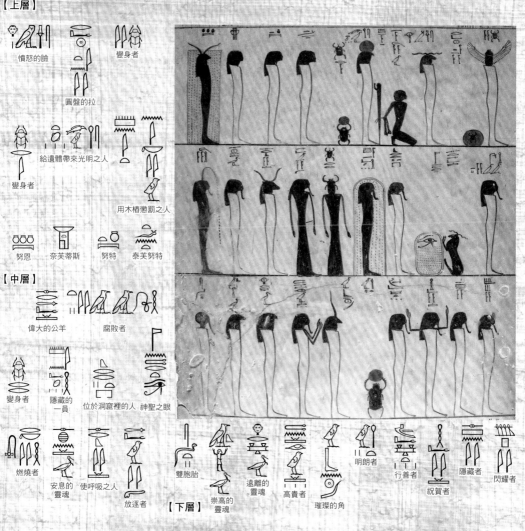

憤怒的臉

變身者

圓盤的拉

給遺體帶來光明之人

變身者

用木樁懲罰之人

努恩　奈芙蒂斯　努特　泰芙努特

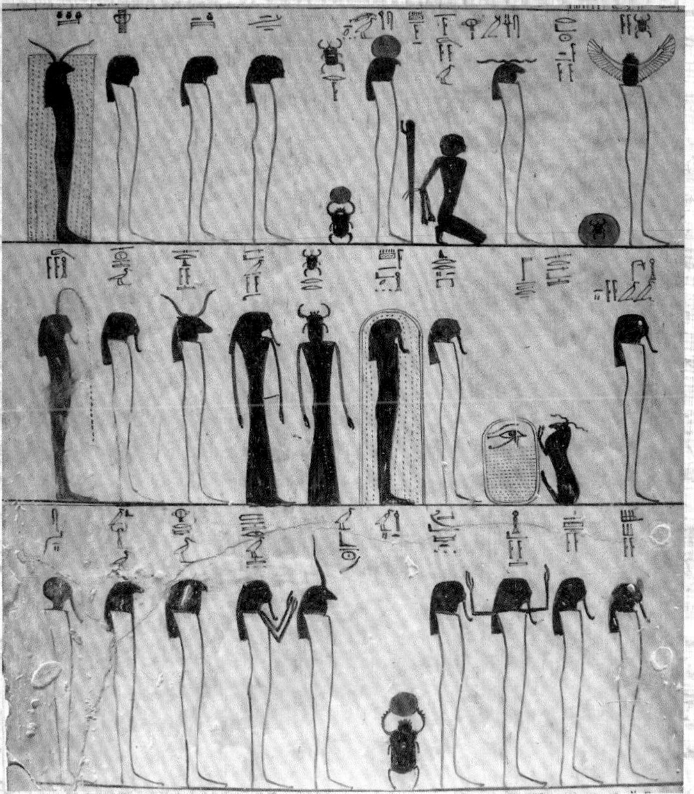

【中層】

偉大的公羊　腐敗者

變身者　隱藏的一員　位於洞窟裡的人　神聖之眼

燃燒者　安息的靈魂　使呼吸之人　放逐者

【下層】

雙胞胎　崇高的靈魂　遠離的靈魂　高貴者　璀璨的角　明朗者　行善者　祝賀者　隱藏者　閃耀者

黑暗的主人　力量的主人

永恆者　冥界的埃及狒狒　看守者們　大釜者　在大地放火者

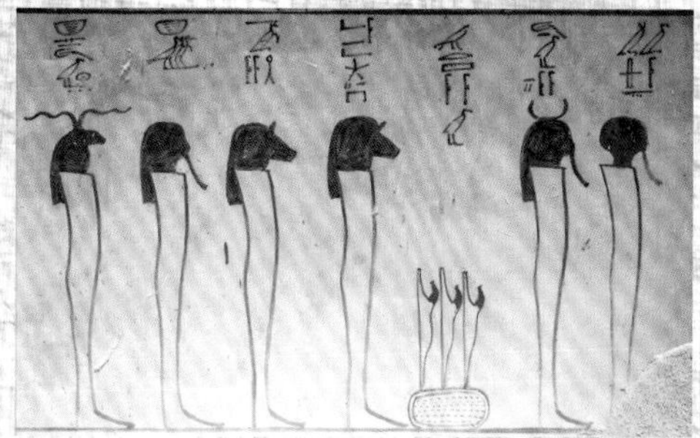

**太陽神拉的變身**　墓室的角柱上描繪著拉神在冥界中變身的74個形象。這張畫是最早發現的「對太陽神拉的連禱」，後來在第19王朝的塞提一世陵墓再次出現，描繪於墓穴入口附近的通廊兩側。**圖特摩斯三世陵墓**

# 密碼冥界之書

***mḥn*圍繞而成的銜尾蛇**　圖坦卡門第二個櫥櫃（下）外部側面的浮雕。木製櫥櫃外側貼著金屬板。*mḥn*（蛇）咬著自己的尾巴，形成環狀的銜尾蛇。銜尾蛇在古希臘語中是「（蛇）吞噬尾巴」的意思，被認為是沒有開始也沒有結束的完整事物（守護）、死亡和重生的永恆象徵。有一說認為，寫在頭部前後的象形文字*ỉmn wnt*為「隱藏時間的流逝」的意思。
**新王國時期第18王朝，約1340 BC，埃及博物館（開羅）[JE 60666]**

墓室中存放的圖坦卡門木乃伊石棺，被大小各不相同的四個櫥櫃所包圍。第二個櫥櫃的外部側面，呈現出獨特的夜晚（冥界）景象。

這篇葬祭文似乎是在冥界之書之後，到門之書（第54頁）出現之前的這段期間描繪出來的。

被認為與冥界之書有關的圖像當中，寫有「通往光明（之書）」（死

**[上] 難以解讀的象形文字**　兩名守護者正在守護。拉神在那裡「用祂的聲音」照射光明，讓在場的人得以呼吸。人頭巨蛇將存放歐西里斯（上）和拉（下）的棺木層層包圍。一旁有收納手的箱形容器，容器中的羊頭也被認為是太陽神拉的象徵。這個圖像也充滿謎團。

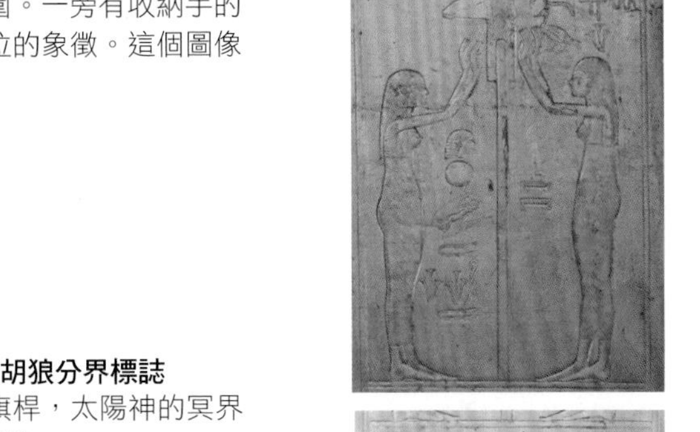

**[右] 通向門之書的公羊分界標誌、太陽圓盤、胡狼分界標誌**
門之書的第1小時（P.55）中也出現了這些旗桿，太陽神的冥界之旅開始啟程。這個櫥櫃也被視為是最早的圖像。

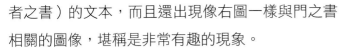

者之書）的文本，而且還出現像右圖一樣與門之書相關的圖像，堪稱是非常有趣的現象。

另一個特徵在於，除了圖坦卡門的名字、稱號、讚美之詞，以及「通往光明（之書）」（死者之書）的文本之外，還寫有其他意義不明的文書。因為相同的文字反覆出現，或者被替換成其他文字，就像是密碼一樣，所以研究者之間有時便將這篇葬祭文稱為「密碼冥界之書」，但沒人知道古埃及人之所以這麼做的目的。

**圖坦卡門的第二個槨櫃「密碼冥界之書」A**

從最右邊的公羊和胡狼兩個分界標誌，開啟了太陽的冥界之旅。當中的太陽圓盤上可以看見羊頭的*bꜣ*（鳥的形象的靈魂）。B面是太陽圓盤和神射出光線，形成一片充滿光明的世界；相較之下，A面被認為是黑暗支配的地方，是太陽圓盤煥然一新的地方。

兩個分界標誌後面的場景分為兩層，可以分別看見8尊神祇的形象。這些都是太陽神在通過冥界（地下世界）時變身的模樣，圖像周圍的象形文字就像密碼一樣意義不明。

再來是木乃伊形象的巨大神祇。就像「太陽神拉的讚歌」一樣，這一面是冥界的場景，所以有一説認為，這有可能是歐西里斯神和太陽神拉合體的狀態。神的頭部和腳邊分別被*mḥn*（蛇）形成的銜尾蛇所包圍。有一説認為頭部代表「隱藏時間的流逝」①，腳邊代表全體是「太陽圓盤包圍之物」②，但無從得知確切的意思。

腰部附近的太陽圓盤上出現羊頭的*bꜣ*（鳥的形象的靈魂），從這裡射出的光線像繩索一樣，一直延伸至下個場景第2層的七人頭頂，這些人正對著光線膜拜。③

他們的上方有七柱女神面向相反的一側，分別以裝在棺木內的形象呈現④。這似乎代表著她們的身體雖留在原地，但*bꜣ*（靈魂）仍會與太陽神同在。

第3層中，在兩名守護者的守護下⑤，太陽神拉「用祂的聲音」射入光線，使在場的人得以呼吸。人頭巨蛇將存放歐西里斯（上⑥）和拉（下⑦）的棺木層層包圍。其右側有個被視為象徵太陽神拉、收納羊頭和手的箱形容器⑧。周圍的象形文字也無法解讀，無法得知確切的意思。

右頁的ⓐ～ⓔ寫著死者之書的文章內容。

Shrine II　　Fig. 41. *Exterior Left Panel*

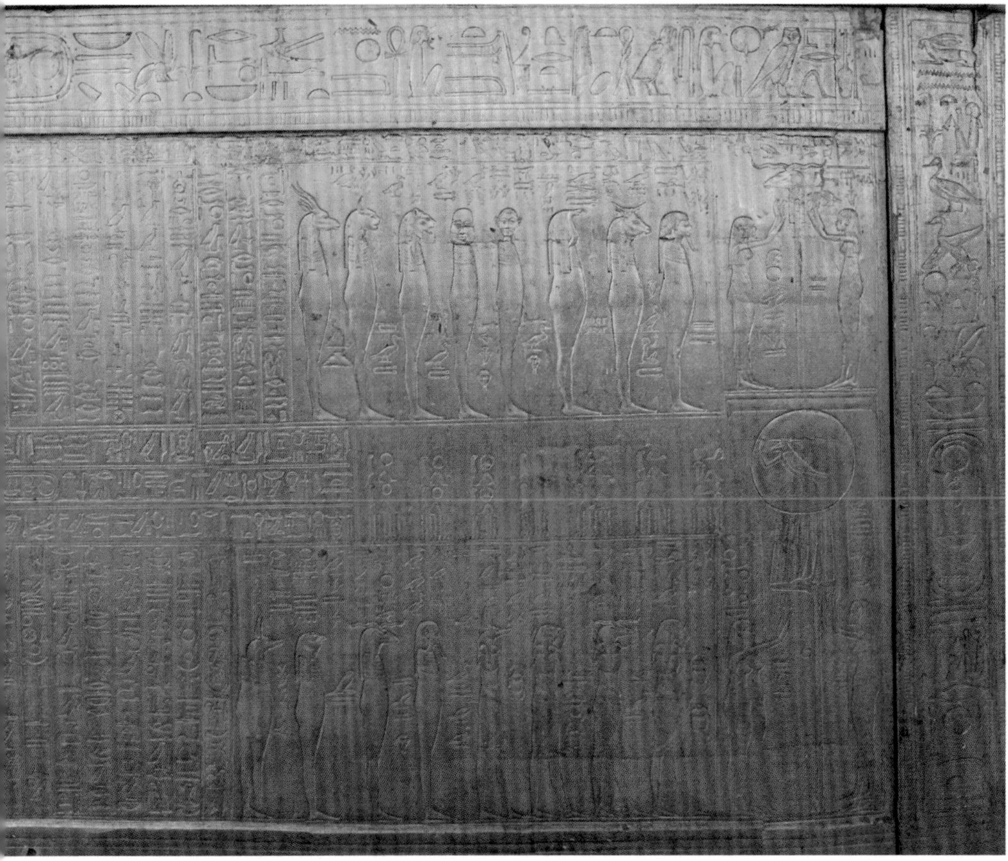

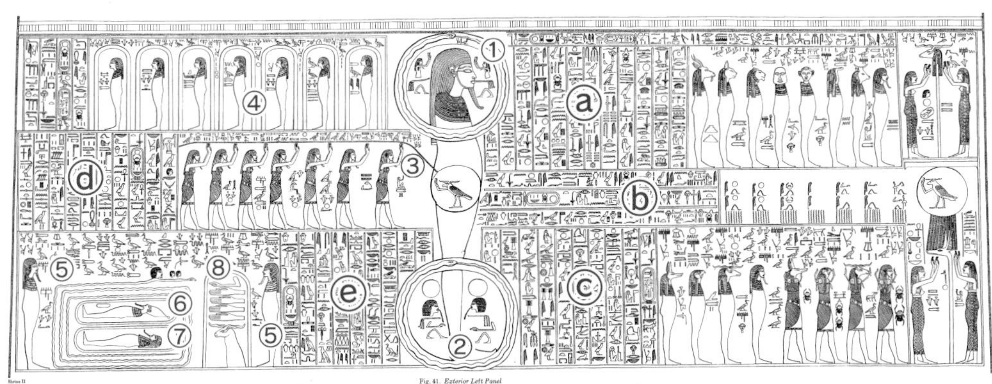

ⓐ**第 17 章的開頭**：太陽神拉所說的話，內容描述太陽神是 Hermopolis 眾神的一員。

ⓑ**第 27 章**：接受歐西里斯審判的時候，被視為該人之人格的心臟，陳述關於死者現世行為的證詞。這是避免心臟在那個時候做出不利證詞的咒語。

ⓒ**第 1 章**：在托特神的幫助下，取得冥界之神歐西里斯及其審判等情報與知識，用來保障死後生活的咒語。

ⓓ**第 29 章**：避免心臟在冥界遭到搶奪的咒語。

ⓔ**第 26 章**：心臟得到滿足，擁有力量，使四肢恢復力量的咒語。

**圖坦卡門的第二個櫥櫃「密碼冥界之書」B**

①貌似總結太陽白天軌跡的圖像。兩個內含羊頭*bꜣ*（鳥的形象的靈魂）的太陽圓盤，分別由上下伸出的雙手支撐。手臂之間有巨蛇、4個*ngꜣw*（長角的公牛）的頭、站在其頭上向太陽膜拜的女神們、站在蛇所創造的天蓋中的歐西里斯、「崇拜的手臂」。這個場景是單獨出現，抑或接續後面的內容，目前仍存在爭議。

其右邊分為3層，各自又分出3個場景。太陽神拉用圓盤來表示，透過光線與人連結在一起。一般認為拉神的光線也會射入他們的體內。上下兩層都是從口吐光線的巨蛇開始描述。上層最前面的六柱神，前面都有鳥的形象的*bꜣ*（靈魂），它正接受拉神的光線照射②（只有最前面的神接受巨蛇射出的光線），那些光線會進入祂們的體內。

第二個場景是以貓作為開頭③。這隻貓是以從巨蛇隱藏的大地冒出的狀態來呈現，所以看不見下半身。接下來的六柱神，面向正面的頭部與身體分離，分別緊連著星星和太陽。光線從雙腿倒立的太陽圓盤傾瀉到無頭的身體上，似乎是藉此呈現出歡喜的狀態。

最後場景的六柱神④，分別站在*mḥn*（守護太陽神的蛇）的身上。祂們從面前的太陽圓盤接受在額頭上賜予生命的光芒。*mḥn*的頭上有火焰（的文字），能幫助祂們重生。

中層的開頭，趴在地上的木乃伊⑤，把手伸向內有羊頭*bꜣ*的太陽圓盤。木乃伊的腳上發出大量的光，使得巨蛇昂首直立。巨蛇前方有四柱獅頭神，但祂們的雙手都沒有描繪。這和門之書的第6小時（P.64）一樣，可能是因為祂們正在搬運太陽神的遺體，才導致手臂消失不見。接下來的場景也幾乎如出一轍，共有六柱獅頭神。有腳的圓盤所射出的光線，都注入每尊獅頭神的口中。

在下層，最前面的眼鏡蛇，前方站著6個歐西里斯⑥。歐西里斯的面前繪有長著獅子頭和眼鏡蛇頭的圓盤，以及星辰和船帆（風或氣息的象徵＝能夠呼吸的狀態）。巨蛇嘴裡吐出的光是由獅子頭接

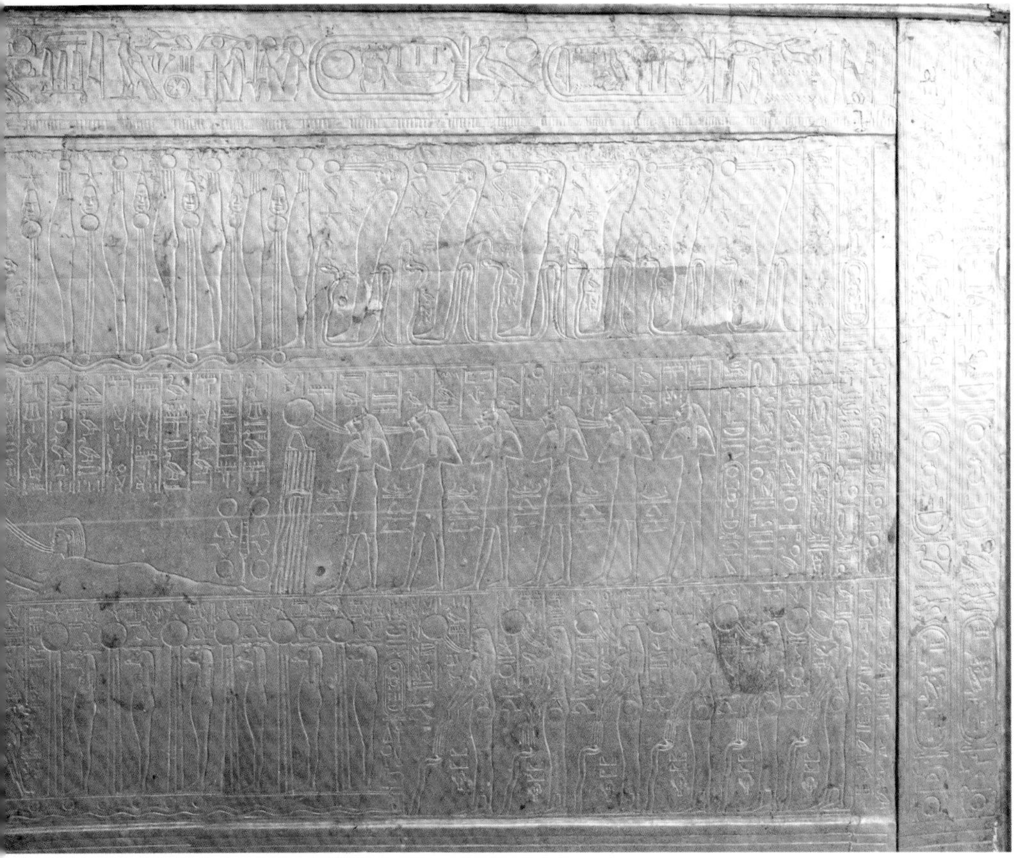

收，進入圓盤後，再從眼鏡蛇的口中吐出，像是從上面罩著歐西里斯一般，傳送給下一個獅子頭。下個場景從獅子開始⑦。這頭獅子的下半身也消失不見，其前方有6具羊頭人身的木乃伊。
最後的場景是由6名女神⑧所組成，她們面前各自有個圓盤，圓盤射出的光線會注入她們的口中，光線再穿過身體，從她們的手上射向名為「邪惡面孔」的蛇頭上。受到淨化的女神們，其腹部以懷有星辰和圓盤（太陽）的方式來呈現。
這似乎是用來反映太陽光線的能量是如何發揮作用的。我們可以認為這種光線的流動，是承自阿瑪納時代對於阿頓神的太陽光線在宗教上的解釋。

# 天空母牛之書

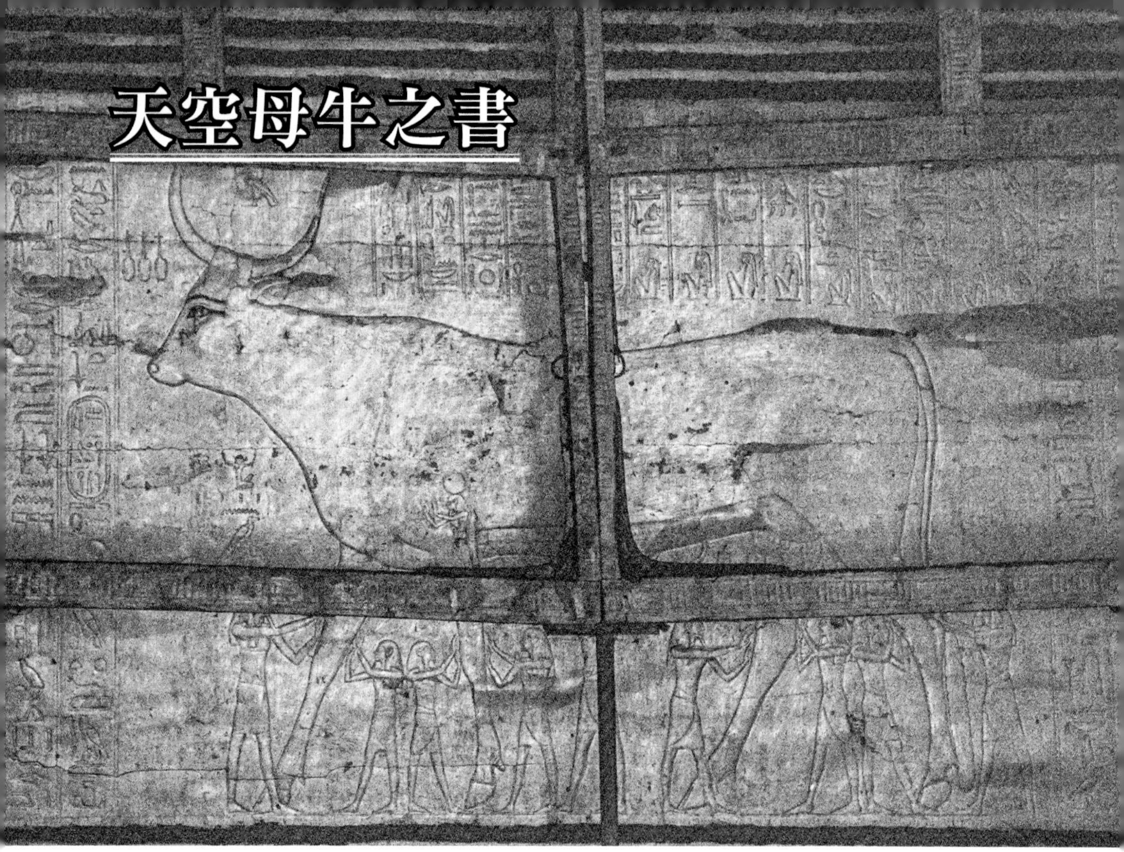

**天空母牛**　存放圖坦卡門木乃伊的石棺，在墓室中被４層樹櫃所包圍。這個文書描繪於最外側的第一個樹櫃內側。木製樹櫃外側貼著金屬板。
**新王國時期第18王朝，約1340 BC，埃及博物館（開羅）[JE 60664]**

「天空母牛之書」這個名稱，有別於巨牛的插畫給人的印象，這裡的聖書體是關於「人類殺戮故事」的可怕內容，以及太陽神拉重新構建世界（宇宙）的過程。

新王國時期第十八王朝末期，阿肯那頓於阿瑪納時期展開一場將太陽神阿頓奉為主神的宗教改革。雖有許多傳統的神祇都遭到否定，但太陽神拉、大氣之神舒等幾位神祇依舊健在。這個文書和故事就是在如此特殊的時代創造出來，最早出現在圖坦卡門的樹櫃上。當然，這個故事被認為是受到自古以來的神話傳說所影響。

它描述的是神和人類共存的神話時代的故事。

**世界是由太陽神拉所統治，但隨著拉神逐漸衰老，人類開始對太陽神舉起反旗。面對這個問題，拉神找來原初之神努恩、大地之神蓋布、大氣之神舒、**

**「天空母牛之書」**

每個文字都經過精心的雕刻和上色。在文字的周圍雕刻以凸顯文字，是一項十分繁複的藝術工程。

母牛頭部的*nfr*文字為「完整」、「美好」的意思，也可能具有「內堂處所」、「後方牆壁」等含義。

胸前刻有*ḥḥ nꜣ*「無限之物」的文字。

**塞提一世陵墓**

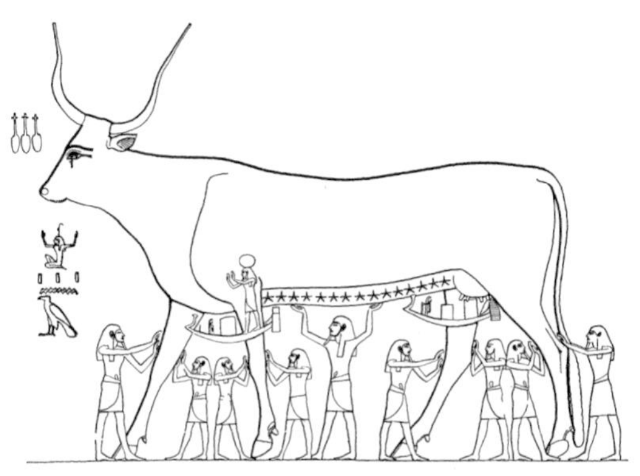

溼氣之神泰芙努特、天空女神努特等掌管世界（宇宙）的眾神共同商議，最終得出要將那些反抗太陽神的人類殺戮殆盡的結論。

為了殺死反叛者，拉神召喚出熊熊燃燒的「太陽之眼」。那只眼睛化為哈索爾女神，現身在人類面前，並開始大肆殺戮。不過，由於屠殺的景象過於慘烈，使得拉神對人類油然生起憐憫之心，正欲打算停止殺戮。

儘管受到拉神安撫，但哈索爾的興奮（殺戮的快感）和憤怒依然無法平息。於是，拉神吩咐僕人把紅土摻入啤酒當中，將這些看似鮮血的酒裝進壺罐，連夜擺放在埃及各地。隔日清晨，哈索爾再度動身前往殺戮人類，她發現

**Nḥḥ神（左）和Ḏt女神（右）** 兩者都有「永恆」、「永久」的意思，成對象徵「時間與永恆」。分別握著支撐天空的柱子，後面的手提著生命之符 ʿnḫ。死者知道這兩位偉大神祇的名字是很重要的一件事。 **塞提一世陵墓（右），圖坦卡門的第一個櫥櫃（左）**

**這些紅色啤酒後，為了滿足對血液的渴望，她不斷地大口暢飲，直到醉得不醒人事。喝醉的哈索爾終於平靜下來回到神殿，人類才因此沒有滅絕。**

有一說認為，這場哈索爾的殺戮發生在尼羅河開始泛濫之前（一個月有30天，天狼星週期365天的5日間）。尼羅河的泛濫並非水位一下子上漲，而是水從褐色變成混濁，這可能就是人們將這種現象比喻為「變成紅色啤酒」的緣故。隨著新年的到來，女神的怒氣也平息了。

另一個故事是，對統治大地感到厭倦的太陽神拉，決定離開人類居住的大地，前往天空。拉神向原初之水神努恩商量這件事，於是努恩吩咐祂的兒子舒和女兒努特前去援助拉神。

努特化為母牛的形象，將四隻腳張開伸向四方，她揹著太陽成為天；舒作為大氣，支撐著母牛的腹部。母牛的四條腿分別由兩柱赫夫神（Heh，掌管永恆）所支撐。附帶一提，「四」這個數字與全方位連結在一起，具有「完全、毫無遺漏、全部」的意思。

來到努特身邊的拉神，最後將統治地上人類的任務託付給托特神。太陽沒入地平線後，托特神開始以月神的身分照亮大地。

神的時代終結，人類的法老開始統治地面等關於王權的描述；每天的太

**[上]「天空母牛之書」** 透過繁複的作業，仔細地將文字浮雕出來並予以上色。
**塞提一世陵墓**

**[右] 粗大的天柱和法老**
以中央粗大的天柱為中心，三度描繪法老。
上層右側的法老，雙手拿著象徵掌權者的*sḫm*權杖。前面刻有「在歐西里斯神之下的聲音正直之人，歐西里斯（故人之意）*mnmʿʿtrʿ*（塞提一世）」的聖書體。
下層的兩個法老，呈手持中央天柱的狀態，以左右對稱的方式描繪。後面的手提著*ʿnḫ*。
生前是「太陽神拉之子」的法老，死後被視為是神的一員。
**塞提一世陵墓**

陽運行機制、尼羅河泛濫的週期等可見的世界，以及太陽沒入地平線後的夜晚景象等看不見的世界（死後），這個故事被認為是用來解釋上述這些內容。世界重建的一段，或許說明埃及歷史中失去秩序（瑪亞特）的中間期這段經歷。

# 門之書

**塞提一世陵墓，第一列柱室的門之書（左牆）**
上面描繪的是第5小時的內容。四根柱子上描繪著法老接受眾神祝福的場景。右邊的柱子是拉・哈拉胡提神，後面黃色背景的牆上是坐在櫥櫃裡的歐西里斯神。

其內容與「冥界之書」相似，均呈現太陽神通過冥界的12小時形象。冥界之書中也可以看見時間和時間之間的門的存在，但這裡的每個時段都受到口吐火焰的蛇所守護的門明確區分開來；由於太陽船是通過這些「門」進行移動，因此研究者之間多半都是以「門之書」來稱之。古代是否有特定的名稱不得而知。

牽引太陽船的是四個男人。實際上，與其說是「四人」，不如說「四」這個數字與基本方位的四方有關，代表「毫無遺漏、沒有拖延」的完整狀

**太陽船**
太陽神所在的櫥櫃被名為*mḥn*的蛇所包圍。櫥櫃的前方由席亞（*siꜣ*）、後方由赫卡（*ḥkꜣ*）守護。這是一幅殘留著紅色指引線和草稿的未完成壁畫。
**霍朗赫布陵墓**

態。船上就和冥界之書的第七小時以後一樣，太陽神所在的船艙被名為*mḥn*的蛇包圍，前面站著席亞（*sȝ*）、後面站著赫卡（*ḥkȝ*）兩名守護神。

*mḥn*

*Sȝ*

*Ḥkȝ(w)*

從第十八王朝最後的霍朗赫布陵墓（KV57）開始，到拉美西斯七世陵墓（KV1）為止，幾乎所有的陵墓都能看見這樣的表現方式。然而，除了拉美西斯四世陵墓（KV2），沒有其他墳墓擁有完整的內容。門之書的內容比冥界之書更強調太陽神與法老之間的關係。

［上］拉美西斯六世陵墓

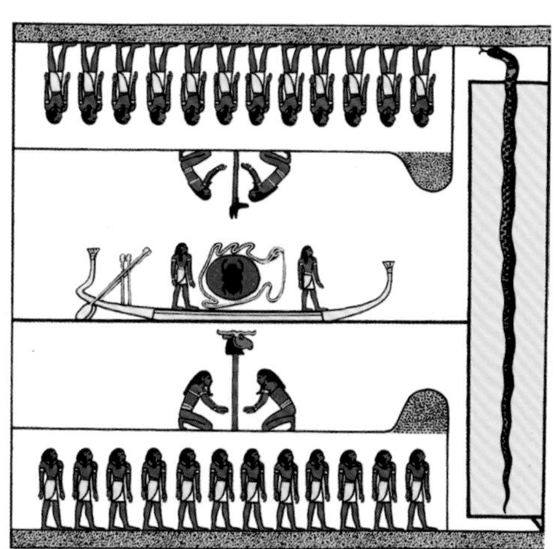

**－第1小時－**

日落，太陽神進入死者的領域。剛日落的時候，地平線依然明亮，這個一開始的時間是現世與冥界的邊界形象。

上下分別有住在西方山上的12位眾神出來迎接太陽船。第1道門前，各立著一根附有胡狼頭和羊頭的長棍。

兩根長棍旁有被擬人化的*dwȝt*（冥界）和*smyt*（沙漠）小心翼翼地看守。這些似乎呈現出神的偉大之處，代表祂有能力獎勵和懲罰居住在來世的人。

［下］歐西里翁（Osireion），塞提一世靈殿，阿拜多斯

**［門之書的線條畫］**摘自Erik Hornung, "The Ancient Egyptian Books of the Afterlife", 1999

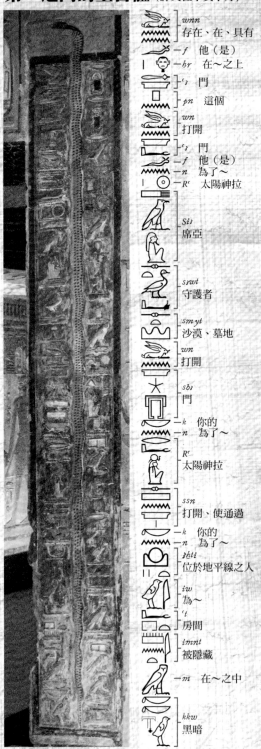

# 第一道門的聖書體（譯文在下頁下方）

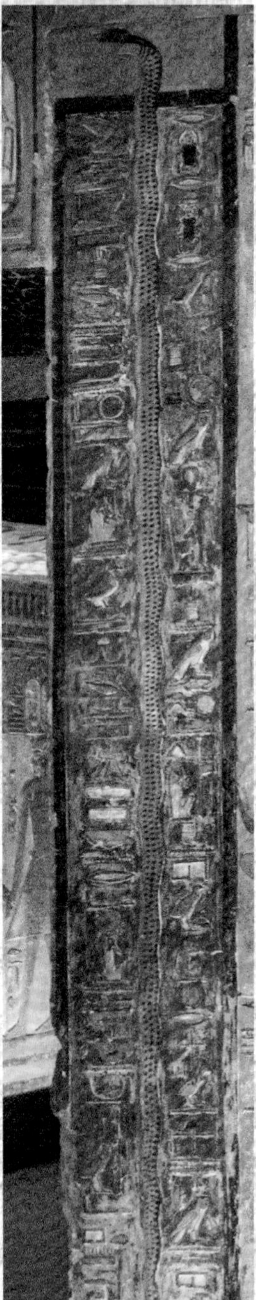

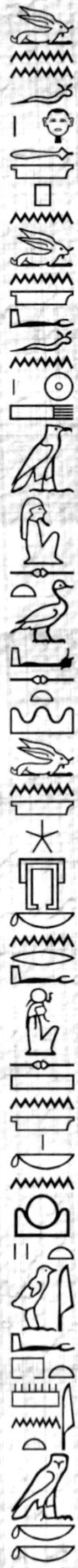

- *wnn* 存在、在、具有
- *f* 他（是）
- *ḥr* 在～之上
- *ꜥꜣ* 門
- *pn* 這個
- *wn* 打開
- *ꜥꜣ* 門
- *f* 他（是）
- *n* 為了～
- *Rꜥ* 太陽神拉
- *Siꜣ* 席亞
- *sꜣwt* 守護者
- *smyt* 沙漠、墓地
- *wn* 打開
- *sbꜣ* 門
- *k* 你的
- *n* 為了～
- *Rꜥ* 太陽神拉
- *ssn* 打開、使通過
- *k* 你的
- *n* 為了～
- *ꜣḫti* 位於地平線之人
- *iw* 為～
- *ꜥt* 房間
- *imnt* 被隱藏
- *m* 在～之中
- *kkw* 黑暗

- *r* 到～為止
- *ḫprt* 出現
- *ḫprw* 形象
- *nṯr pn* 這位神
- *ḫtm* 關閉、封印
- *in* 被～
- *ꜥꜣ* 門
- *pn* 這個
- *m ḫt* 在～之後
- *ꜥk* 進入
- *nṯr pn* 這位神
- *hwt* 悲嘆
- *ḫr* 根據～
- *imiw* 位於～的人們
- *smit* 沙漠的墓地
- *sn* 他們
- *sḏm* 聆聽
- *sn* 他們
- *hꜣꜣ* 關閉
- *ꜥꜣ* 門
- *pn* 這個

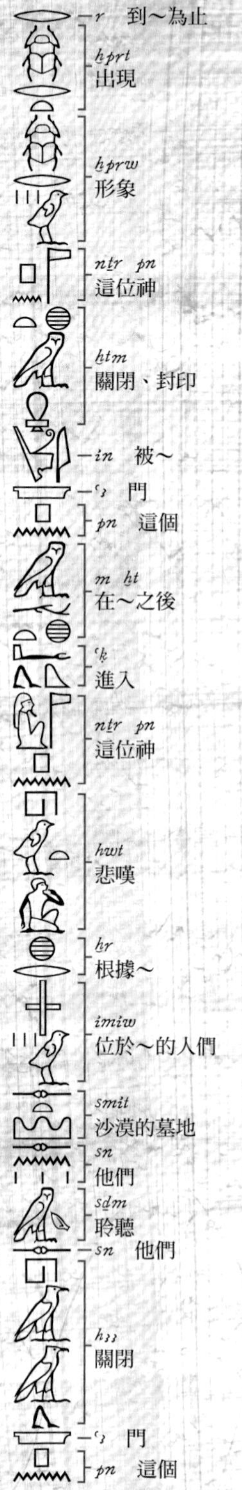

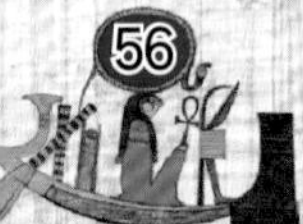

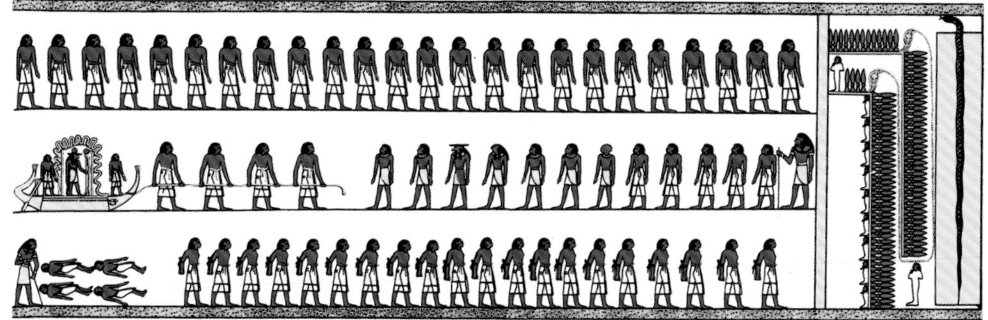

－第2小時－

生活在上層，忠實瑪亞特（秩序、正義、真理）的人們受到祝福，與瑪亞特同在。在中層，太陽船通過第1道門，並受到入口的眾神迎接。

下層描繪著用拐杖支撐身體的阿圖姆神。阿圖姆的職責是協助太陽神閃耀光芒，並頌讚祂的靈魂。阿圖姆的前面橫臥著4個男人。他們是「無法靠自己的力量行動的人」，將世界分為4個部分，分別代表基本方位（東西南北），這被認為是希望能夠站起來支撐的狀態。雙手被阿圖姆神反綁的人，是和祂敵對的人。

最左邊是接續上一頁第1小時的門。上面繪有一條名為*sꜣwt smyt*（沙漠墓地的守護者）的蛇。文書的內容如下。

**語譯：**

**他棲息在這道門。他為太陽神拉打開門。席亞對*sꜣwt smyt*（沙漠墓地的守護者）說道：「你為拉打開門吧。你為*ꜣḫti*（位於地平線之人）打開門吧。」這個神現身之前，一直處於黑暗中被隱藏起來的領域；這個神進入後，這道門就被關閉。在沙漠墓地的人們，聽見這道門關閉，皆悲嘆不已。**

－第3小時－

上層是祠堂中的木乃伊被注入生命，從死亡中甦醒，以及善惡混雜的火焰湖。湖泊是為善人提供糧食的地方，但對壞人來説卻成了業火。

中層的太陽船和飾有牛裝飾的船槳，一起朝大地的中心前進。其前方描繪著用象徵重生的白色亞麻布包覆身體的4個人物。

下層是魔物，也就是巨蛇阿佩普（Apophis）出現在由兩組九柱神守護的阿圖姆神面前的場景。

**※有些地方描繪的壁畫是左右相反的。**

[左] 塞提一世陵墓

[右] 霍朗赫布陵墓

塞提一世陵墓

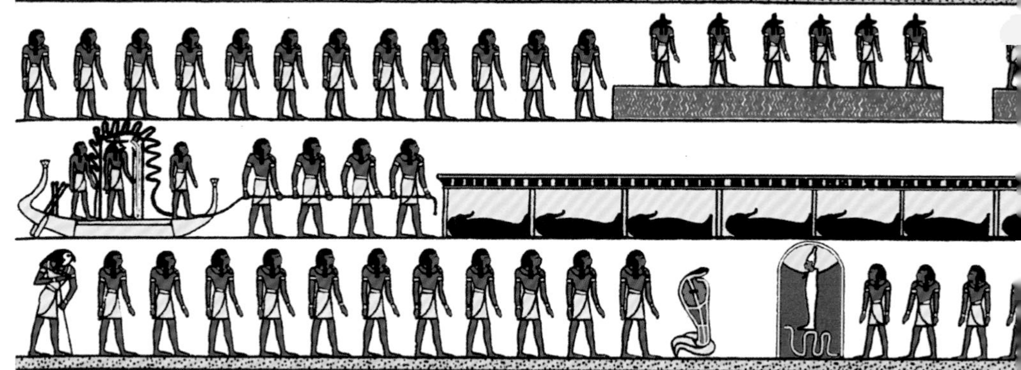

－第4小時－

上層呈現受到胡狼和眼鏡蛇（Uraeus）守護的兩種水的狀態，這些都是生命之湖。

中層的太陽船前方，有數個收納橫臥木乃伊的櫥櫃。太陽神拉對於來世死者的糧食供應和復活產生很大的影響。再往前是坡道，上面描繪著掌管12小時的女神，並盤據著數條代表時間的蛇，給人一種時間在混沌中流逝的印象。

下層的櫥櫃內是站在蛇背上的歐西里斯神，祂受到隨行的親信守護神們包圍守護。前面為獵鷹頭的兒子荷魯斯守護著父親歐西里斯，在前往第5小時的途中，也出現用來徹底排除與神敵對的邪惡之物的業火洞穴。這個業火洞穴共有4座，為「東西南北」、「各方面的一切」、「完全」的象徵。

塞提一世陵墓

**第三層的歐西里斯神**

歐西里斯神的前後寫有 *kḏn ỉmntyw*「西方第一人（位於最西方的人）」之稱號。

槲櫃周圍的文字是兒子荷魯斯對歐西里斯所說的話，說明荷魯斯是消滅歐西里斯敵人之人等內容。

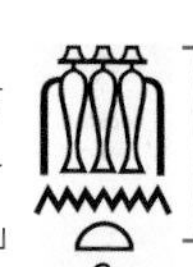

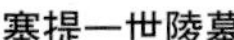
塞提一世陵墓

—第5小時—

上層為準備將耕地分配給12個神聖靈魂的景象。12柱神手執測量用的繩索前進。

中層的太陽船前，手被隱藏起來的九柱神束縛住巨蛇阿佩普，以防它阻礙復活。

下層也賦予了時間。12柱神以抱著意為「一生的時間」、「生涯」的蛇的形象呈現。下層前面為死者的靈魂 *bꜣ*，蛇的後面依序為利比亞人、努比亞人、亞洲人、埃及人，這4種人代表當時世界上的所有人種。這些人種似乎被認為也會存在於來世，埃及人大概是希望庇護同樣能遍及這些異民族。

第5小時結束後，接著就來到**歐西里斯的法庭**。這裡的歐西里斯法庭相當特別，因為它是整篇門之書的重心。以密碼形式寫入第5小時的文章，在第6道門前，記錄了太陽的木乃伊（遺體）和 *bꜣ*（靈魂）合體時的景象。

原本歐西里斯審判的觀點是當死者前往來世復活時，針對此人是否忠實於瑪亞特（秩序、正義、真理）進行審判，不論身分貴賤，這是死後最重要的儀式。但是在門之書中，這裡的內容與其說是接受審判，不如說是讓神認識到那個人物（法老）是什麼人。（接續下頁）

塞提一世陵墓

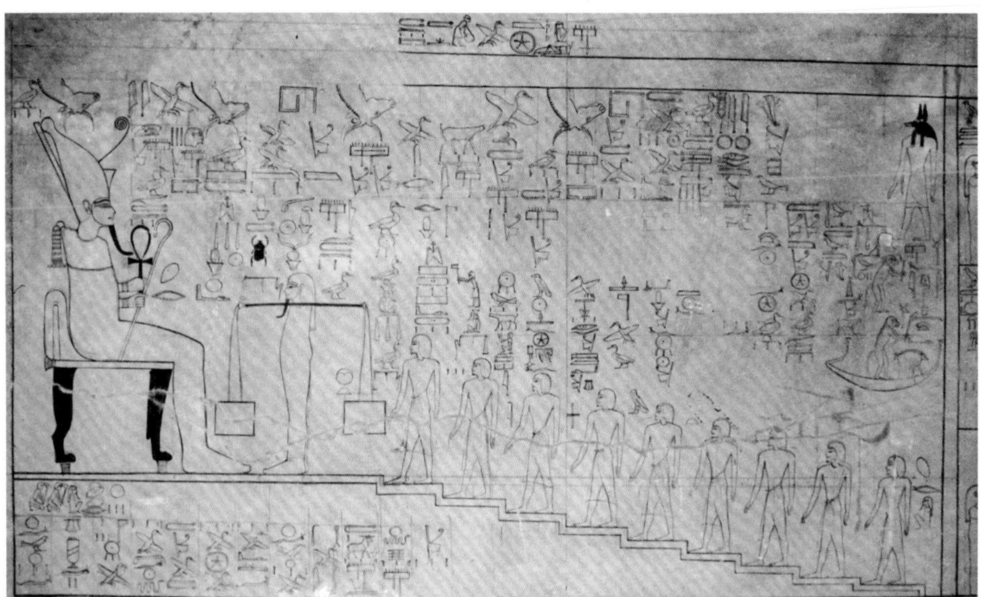

霍朗赫布陵墓

歐西里斯面前立著一個擬人化的天平。在「通往光明（的書）」（死者之書）中，天平的托盤上繪有死者的心臟和瑪亞特的羽毛，但這裡卻是空無一物。階梯上有9名誠實死者的身影。在他們的腳下，看不見的敵人被擺進殲滅之地。
這個場景的最後，仍然存在的邪惡勢力以豬（野豬？）的形象呈現，它正遭到猴子打擊。

歐西里翁（Osireion），塞提一世靈殿，阿拜多斯

－第6小時－

冥界最深沉的時間，此時將發生太陽神的肉體和 *bꜣ*（靈魂）合體的前兆。

中層有一排稍隔一段距離的無臂之人，這其實是搬運無形太陽神肉體的人們形象。因為搬運著無形的肉體，致使這些人的手臂也跟著消失不見。

其下層有12具木乃伊躺臥在與 *bꜣ* 合而為一、用來復活的蛇身床上。這是關係到太陽神存亡的重要儀式，因此絕不能遭到魔物阿佩普妨礙。阿佩普出現在上層以便保持距離，並受到眾神所束縛；其後方緊隨著手持矛叉、負責壓制住蛇的神。阿佩普的身上冒出遭其吞噬的人頭，呈現獲得解放的時間即將到來。前面為木乃伊形象的阿肯（Aken）神，從祂的喉嚨延伸出兩條交纏的繩索，以此來表示時間。第3層的盡頭為圓形的火焰湖，裡面棲息著一條能戰勝所有敵人的眼鏡蛇。

霍朗赫布陵墓

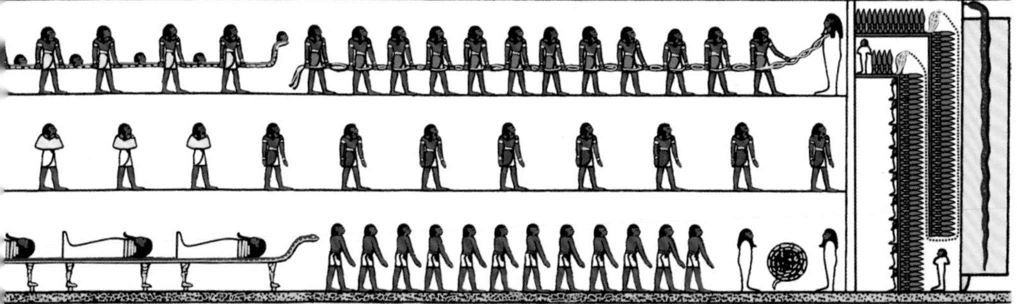

塞提一世陵墓

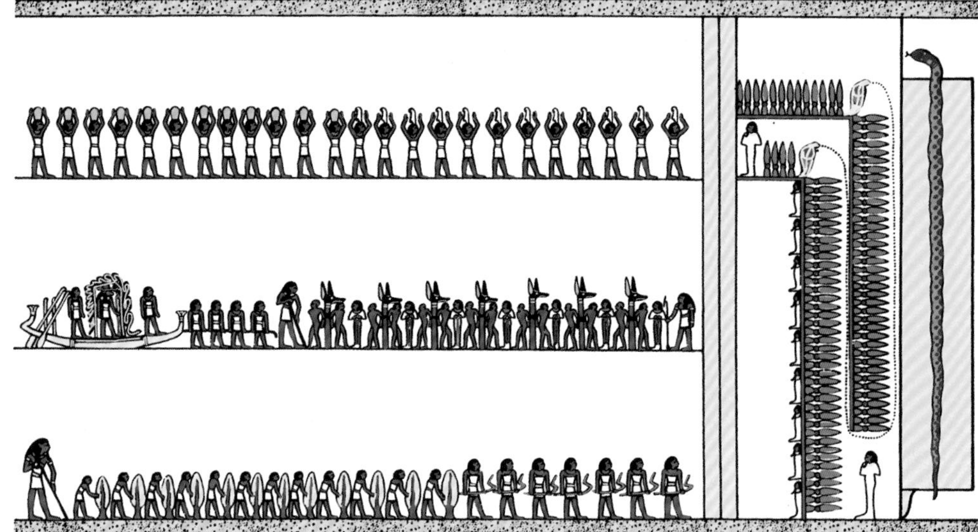

－第7小時－

在太陽船前，意圖妨礙死者復活的人們都被束縛在大地之神蓋布的權杖（胡狼頭）上。反之，上層和下層分別有一群受到祝福的死者。上層的人，頭頂滿滿的穀物，以及瑪亞特（秩序、正義、真理）的羽毛，用來表示生活富足、於瑪亞特的承諾下復活，並過著有秩序的永恆生活。下層的人也被賜予大型鐮刀和巨大麥穗，這大概是朝向豐饒世界前進的意思吧。

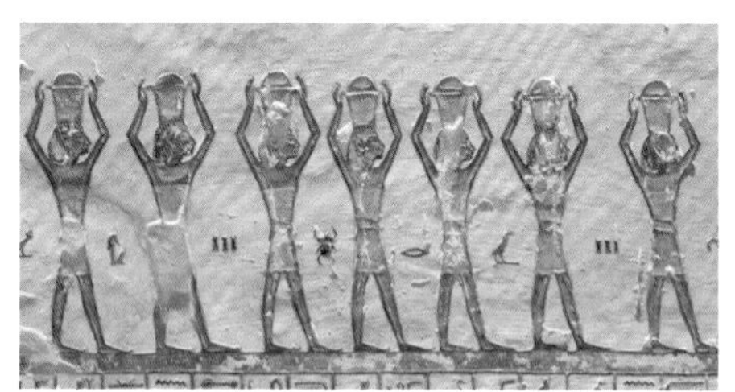

[上3張] 頭頂穀物籃和瑪亞特羽毛的人們，以及被綁在蓋布神權杖上的敵人。
**拉美西斯六世陵墓**

[左] 收割成熟大麥的人們。
**歐西里翁（塞提一世靈殿，阿普多斯）**

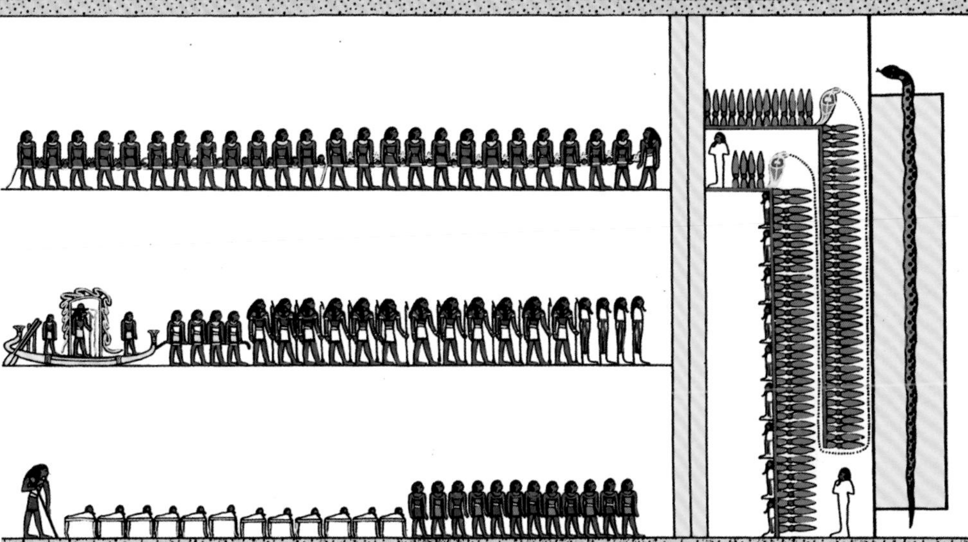

**－第8小時－**

太陽船前，「西方供品的主人們」向前邁進。這些人受到祝福，並負責分配給死者供品、消滅邪惡之物等任務。上層和第6小時一樣，手握時間之繩的人們前行。下層的木乃伊趴臥在床，並抬起頭準備接受復活，一旁有負責守護木乃伊的人。

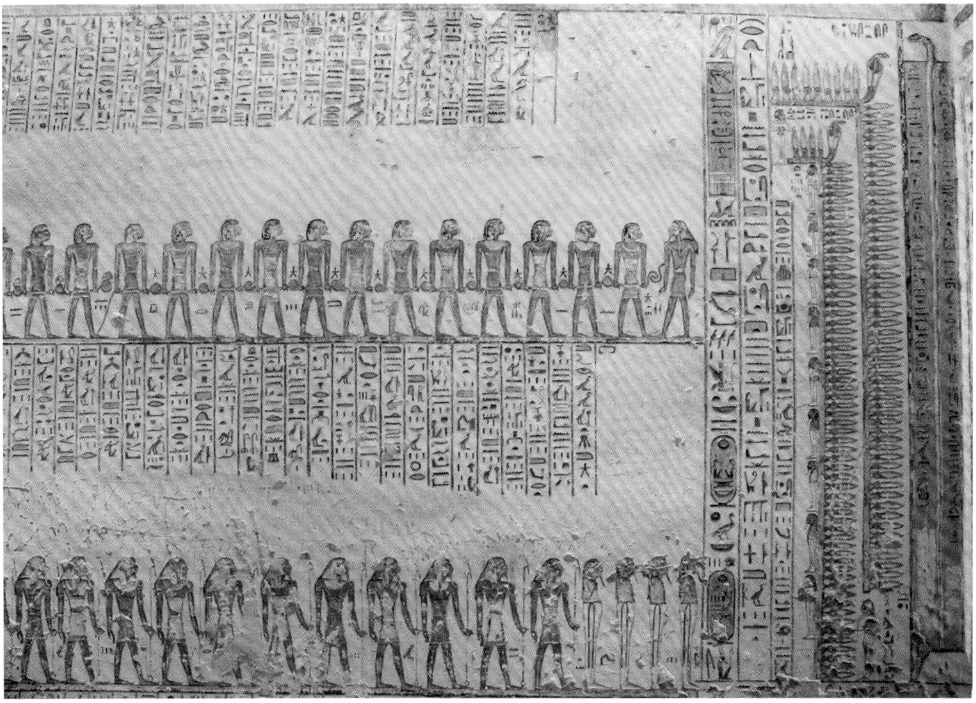

**拉美西斯六世陵墓**

拉美西斯六世陵墓的第9和第10小時（局部）

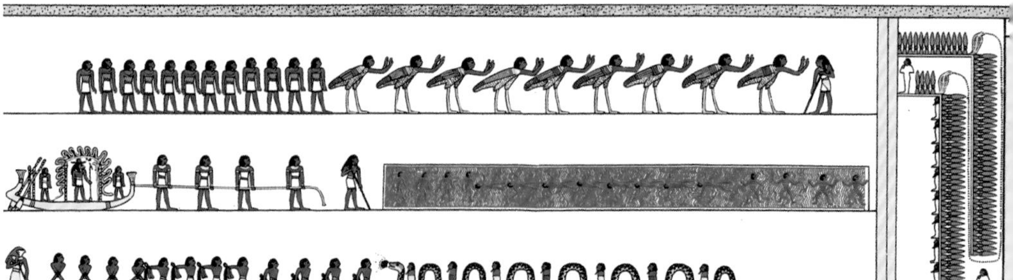

－第9小時－

和冥界之書的第10小時一樣，太陽船前有沉入、翻倒、漂浮及分散水中等各式各樣溺水而亡的死者。人們認為，唯有將完整的遺體製作成木乃伊，才能於來世復活，但被大水沖走導致遺體受損或失蹤的善人，也能得到救贖。這個水被視為原初之水努恩，人們認為死者能夠從努恩獲得重生的力量，用鼻子呼吸，*bꜣ*（靈魂）永不消滅。

上層有鳥的形象的*bꜣ*，以及賦予*bꜣ*麵包和蔬菜的人們一字排開。

荷魯斯神的兒子們乘坐名為「猛火之物」的巨蛇於下層登場，巨蛇朝3組用不同方式束縛的敵人吐出火焰。

－第10小時－

與魔物巨蛇阿佩普的戰鬥在此展開。太陽船前，眾神手持具有魔力的網子，欲拋向阿佩普，以控制住它的行動。古人ỉꜣwy（大地之神蓋布？）手握用來束縛阿佩普的繩索。

在上層，太陽神以獅鷲的形象現身。右邊有名為「行走者」的六頭蛇，會對在冥界行走的人伸出援手。此外，懲戒阿佩普等所有敵人的巨蛇也加入行列當中。

下層有一條長長的繩子將人們連接在一起。中央的太陽以獵鷹的形象現身，祂被命名為「凱布利（出現）」，可以將其聯想成太陽升上天空的意象。

為巨蛇阿佩普與鱷魚 *šsšs* 之間的戰鬥。有人拿著網子，有人拿著長矛，面對手握繩索的 *ỉꜣwy* 神。
**拉美西斯六世陵墓**

猴子和人們帶著網子前進，試圖阻止巨蛇阿佩普的行動。
**拉美西斯六世陵墓**

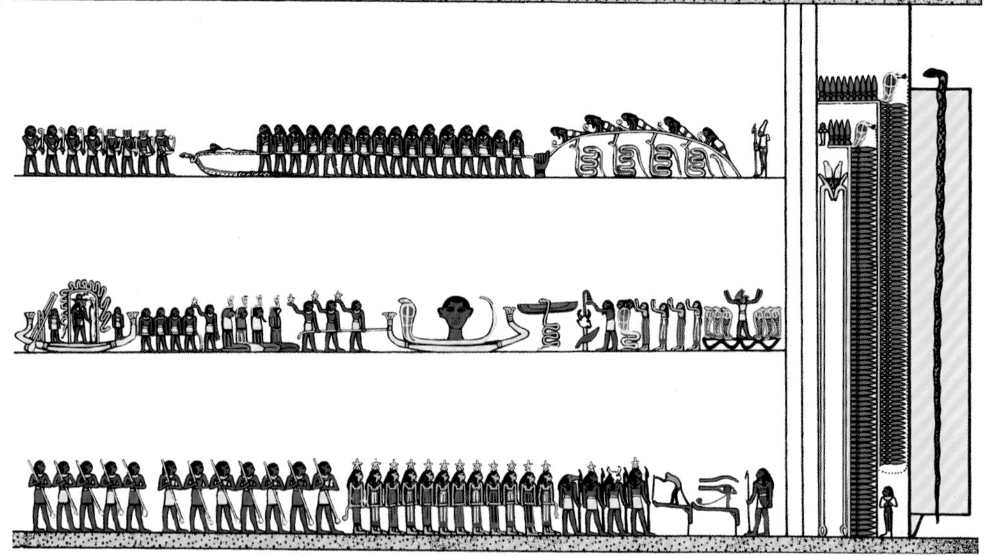

**－第 11 小時－**

上層的魔物巨蛇阿佩普遭到捆綁並大卸八塊。從深淵中伸出的手，牢牢地握著拴住阿佩普及其同伴的繩子，以此表示它們確實遭到束縛。

中層的太陽船在星星的指引下前進。途中遭遇伸手捧著星星的眾神所牽引、載著「太陽神之臉」的船。臉和眼鏡蛇（Uraeus）同時出現，這被認為是為了能看見眾神的表情。

下層為手持船槳負責划船的眾神，與頭頂星星的時間女神一同前進。這幅景象呈現出力量和時間的合作，只為將船推上東方的地平線。

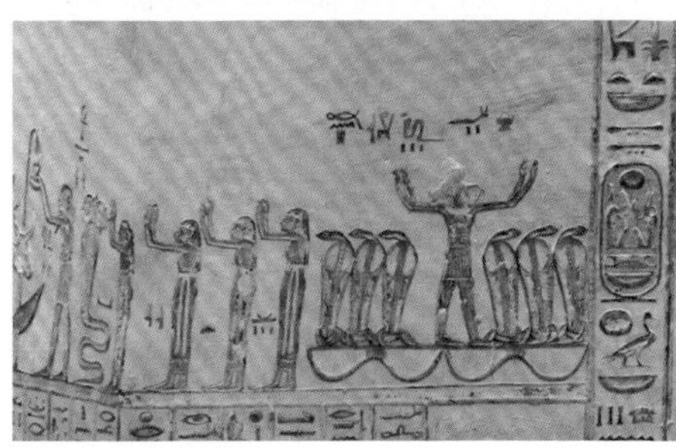

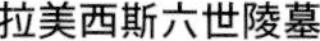
拉美西斯六世陵墓

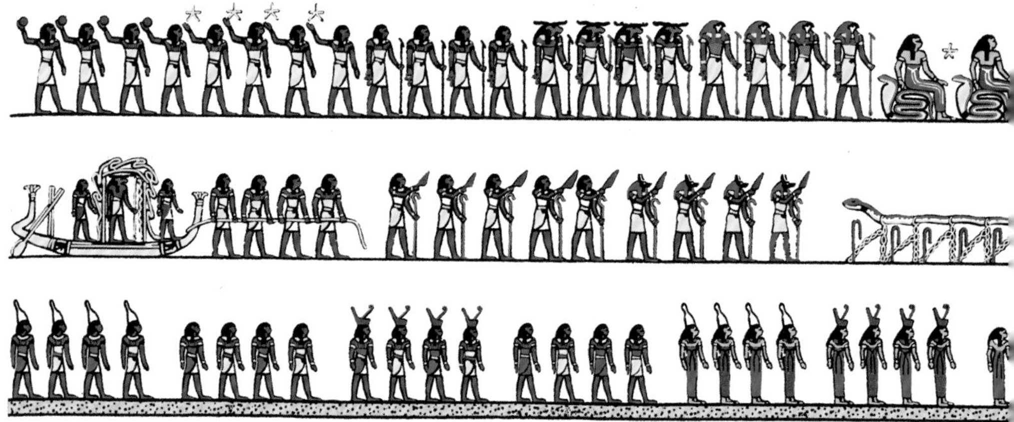

－第12小時－

太陽神通過「伴隨神祕入口」的門重生。上層的左邊，在4顆星星的帶領下，4名「搬運耀眼光芒」的神祇，手持太陽圓盤緊隨在後。前方有8位女神坐在圍繞太陽的巨蛇上。

中層的阿佩普遭到束縛，一旁有手持匕首和權杖的眾神負責看守。其前方有4頭狒狒高聲宣布太陽即將出現在東方的地平線上。

下層分別有頭戴白冠和紅冠離開冥界的男女各4人（力量的象徵）、守護新生太陽的4位女神，以及對留在冥界的歐西里斯表示悲嘆的人（向前彎腰的4人）。門口有眼鏡蛇（Uraeus）形象的伊西斯（上）和奈芙蒂斯（下）守護著。太陽船化為日出形象的聖甲蟲，被原初之水努恩高高捧起，天空女神努特將其向上提起，就此開啟新的天空之旅。

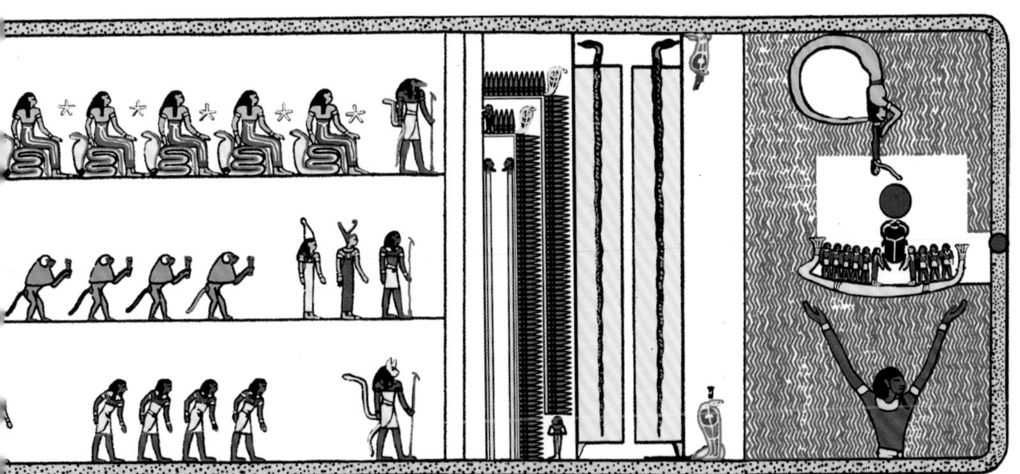

[上] 塞特納赫特（Setnakhte）陵墓中未完成的壁畫。設計因為牆面的狀態而有所改變。

[右] 拉美西斯六世陵墓

[左] 歐西里翁
（塞提一世靈殿，阿拜多斯）

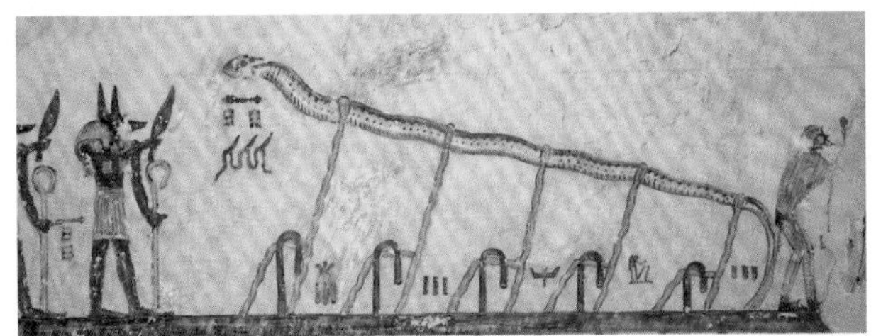

[上] 將聖船提起的努特。
**拉美西斯六世陵墓**

[左] 在拉美西斯六世陵墓的墓室最深處，這個場景又再次描繪，讓人感受到對於復活的強烈渴望。

**[下] 歐西里翁**
**（塞提一世靈殿，阿拜多斯）**

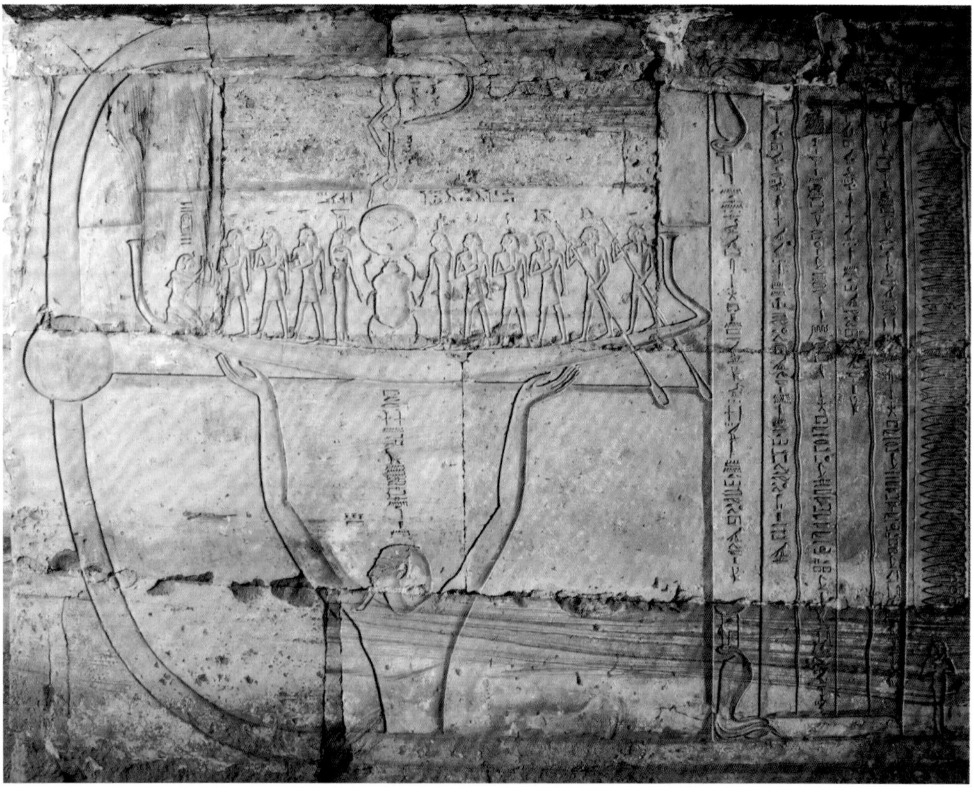

門之書」第12小時的最終場景

① 

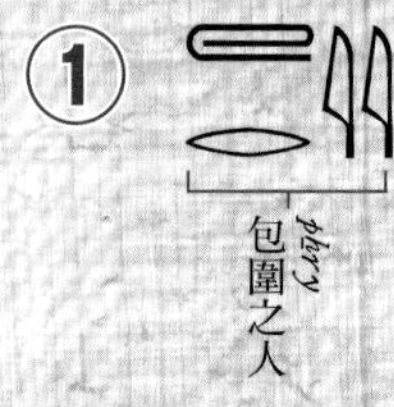

*pḫry* 包圍之人

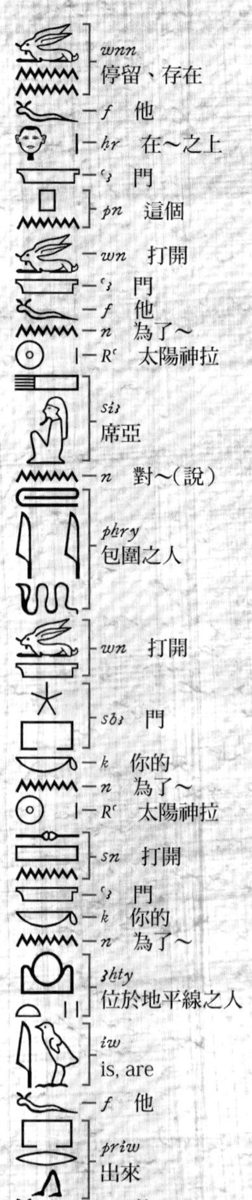

*wnn* 停留、存在
*f* 他
*ḥr* 在～之上
*ꜥꜣ* 門
*pn* 這個
*wn* 打開
*ꜥꜣ* 門
*f* 他
*n* 為了～
*Rꜥ* 太陽神拉
*Siꜣ* 席亞
*n* 對～(說)
*pḫry* 包圍之人
*wn* 打開
*sbꜣ* 門
*k* 你的
*n* 為了～
*Rꜥ* 太陽神拉
*sn* 打開
*ꜥꜣ* 門
*k* 你的
*n* 為了～
*ꜣḫty* 位於地平線之人
*iw* is, are
*f* 他
*priw* 出來
*f* 他

*m* 從～
*Štꜣyt* 名為祕密的冥界
*ḥtp* 休息
*f* 他
*m* 在～之中
*ẖt* 子宮
*Nwt* 努特女神
*ḫtm* 封印
*in* 被～
*ꜥꜣ* 門
*pn* 這個
*ḫwtḫr* 哭喊
*iꜣ* (靈魂)
*imyw* 位於～的人們
*Imnt* 西方
*m ḫt* 之後
*ḫꜣꜣ* 被關閉
*ꜥꜣ* 門
*pn* 這個

② 

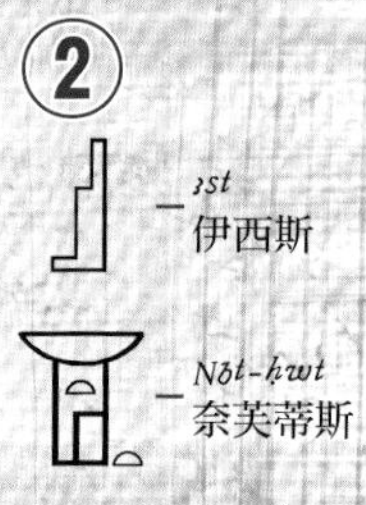

*ꜣst* 伊西斯
*Nbt-ḥwt* 奈芙蒂斯

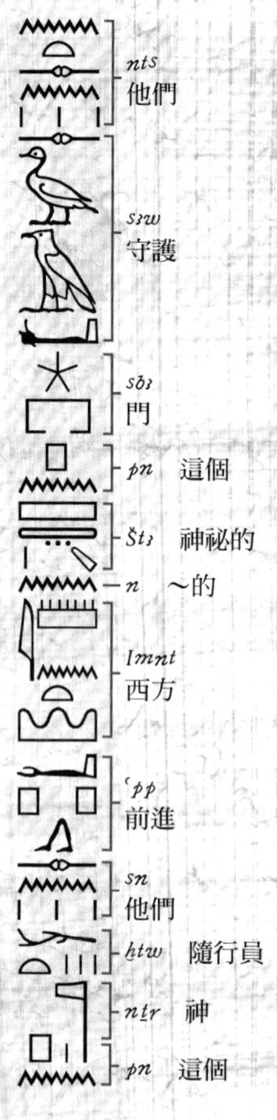

*nts* 他們
*sꜣw* 守護
*sbꜣ* 門
*pn* 這個
*Štꜣ* 神祕的
*n* ～的
*Imnt* 西方
*ꜥpp* 前進
*sn* 他們
*ḫtw* 隨行員
*nṯr* 神
*pn* 這個

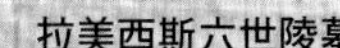


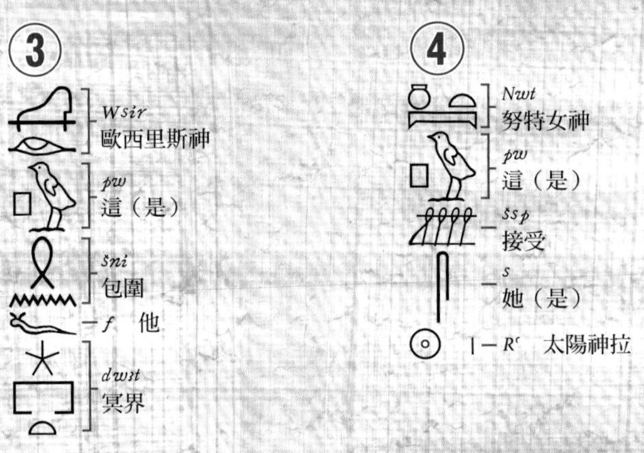


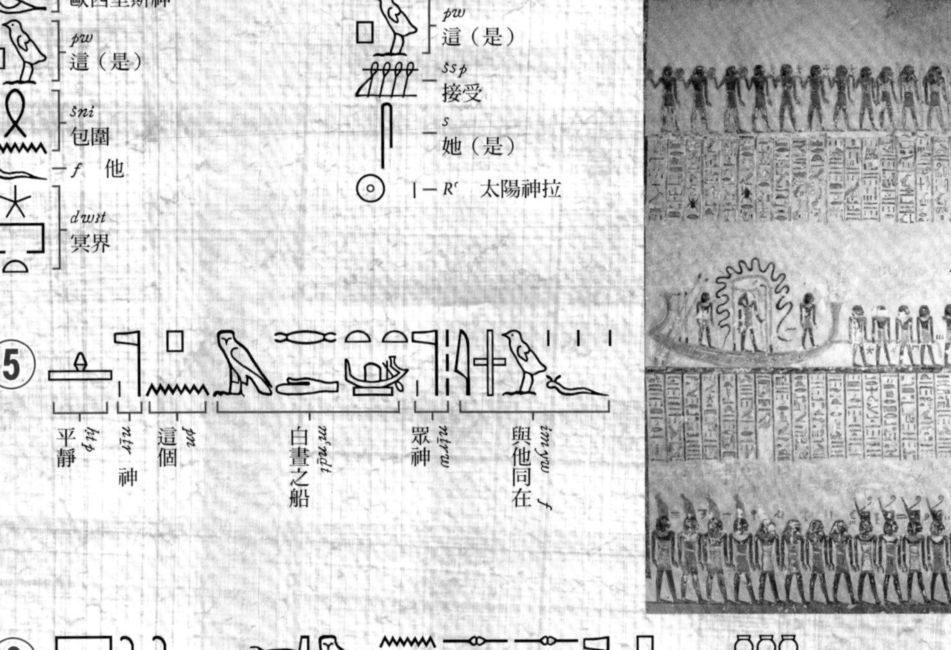


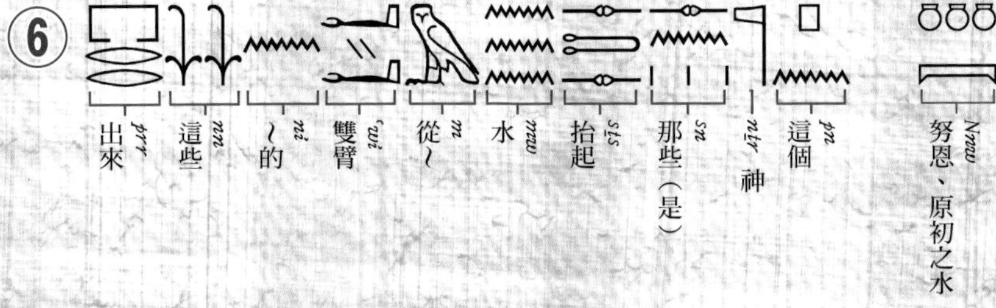


**語譯：**

①pẖry（包圍之人）。他住在這道門中。他為太陽神拉打開門。席亞對pẖry說：「為拉打開你的門吧。為ꜣḫtì（位於地平線之人）打開你的門吧。」他會離開štꜣyt（名為祕密的冥界），於天空女神努特的子宮內休息，然後被這道門封鎖起來。這道門關上之後，位於西方大地之人的bꜣ（靈魂）就會哭喊。

②伊西斯、奈芙蒂斯（在門的上下以眼鏡蛇的形象存在）。守護這道西方神祕之門的人是他們。他們以這位神的隨行員身分前進。

③這是歐西里斯神。他將冥界包圍。

④這是天空女神努特。她接受太陽神拉。

⑤這位神以及與他同在的眾神，一起乘坐白晝之船，一切平穩了下來。

⑥這些雙臂從水中伸出，它們將這位神高高舉起。原初之水努恩。

# 洞窟之書

**第6場**

像左前方一樣，不僅牆壁，就連角柱上也寫著密密麻麻的聖書體。天花板上還可以見到用星星觀測時間，面向正面的天文官形象（參照《古埃及象形文字 自然風土篇》）。

**拉美西斯六世陵墓**

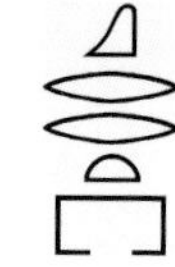

「洞窟之書」在聖書體中記載為*ḳrrt*（cavern），因此成為研究者之間的俗稱，其古代名稱不得而知。日語譯為「洞窟」，也是因為英語研究書籍中普遍稱為「The Book of Cavern」的緣故，但這樣的翻譯果真適當嗎？

光從壁畫來看，就能看出畫中所呈現的內容，與洞穴形狀的「洞窟」這個名詞的印象相差甚遠，根本稱不上是英語的cave。我認為用「冥界空間」、「地下空間」、「冥界區域」（被包圍的場所）來形容會比較貼切。

商博良（Jean François Champollion，1790～1832年）於1822年解讀了象形文字，他是第一個翻譯這篇葬祭文的人。本書所刊載的照片，為拉美西斯六世陵墓的文本。然而，其他研究者是在阿拜多斯的歐西里翁（1902～1903年發掘）發現這份幾近完整狀態的文書之後，也就是到了二十世紀中期，才開始對「洞窟之書」產生興趣，

這篇葬祭文和左邊的照片一樣是以文字為主，密密麻麻的文字填滿了少數插畫的空隙。其特徵並不像之前介紹的「冥界之書」或「門之書」那樣意識到夜晚的時間，就連被認為在冥界航行的太陽船，也只出現在最後的場景當中。太陽神在每個場景都以太陽圓盤的形式出現，內容是專門針對冥界解釋「陰間」及太陽從那裡復活的景象。令人費解的地方在於太陽神拉和歐西里斯有時會被拿來相提並論這一點。

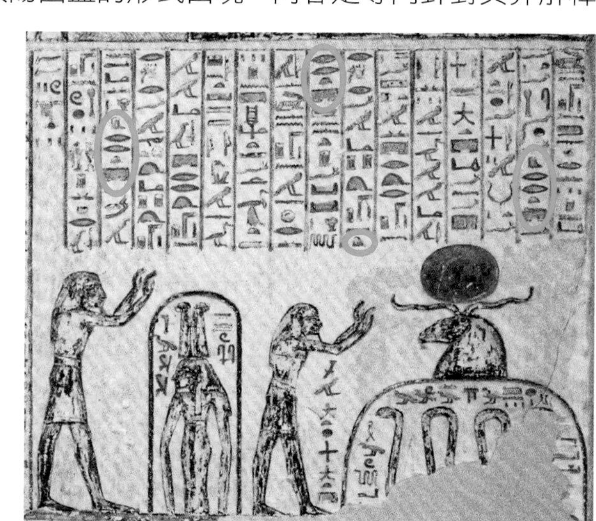

**[右] 第6場的一部分⑧**
光是這裡就能看見3個*ḳrrt*（洞窟）的文字。 **拉美西斯六世陵墓**

**[洞窟之書的線條畫]** 摘自Daniel A. Werning, "Das Hohlenbuch", 2011

拉美西斯九世陵墓的第1場①～⑥

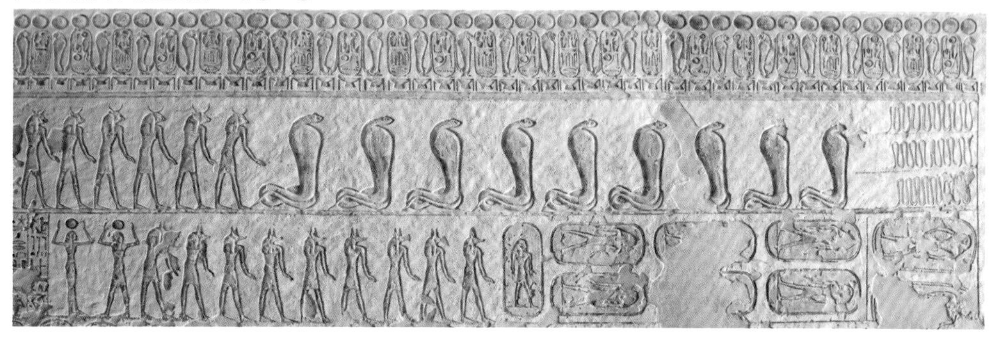

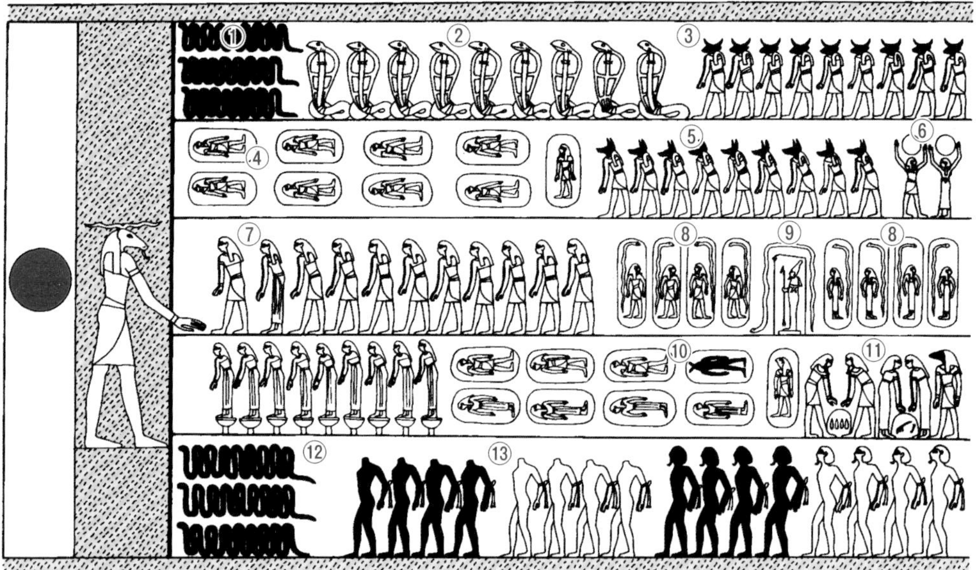


**－第1場－**

開頭是被分隔在兩塊區域的圓盤狀太陽，以及羊頭人身、呈 *bꜣ*（靈魂）形象的夜間太陽神拉，看似俯視著整個冥界，此被認為是「位於天空之人」。太陽神前往那裡的使命，是守護並幫助冥界之神歐西里斯。

在這篇分為五個部分的第1場中，附有太陽神拉對各組的性質和功能進行說明的文章。

冥界一開始有3條蛇①守著入口，其後依序是擁有守護之力的眼鏡蛇（Uraeus）②、西方之神③。

第2層是受到歐西里斯接納的一群幸運死者，他們正安詳地躺在石棺內④。石棺後面，胡狼頭的人負責保護死者不致腐爛⑤。再後面的兩人拿著從死者傷口中排出的球狀排泄物⑥。

中間層有一群雙手下垂，擺出服從姿勢的人⑦。中央為死者安置在被蛇守護的石棺內⑧，歐西里斯也同樣站在被蛇守護的祠堂裡⑨。

第4層是降臨到冥界的女神，以及在石棺中休息的人們。8個石棺中有個鯰魚頭的人⑩（鯰魚是一種神聖的魚，它曾吃下一部分被賽特肢解的歐西里斯的肉體，因此被視為歐西里斯的化身之一）。光明也會被帶來這裡。在冥界的後面，西方之神、伊西斯女神和奈芙蒂斯女神，祂們將手心伸向寫有歐西里斯肉體文字的球狀物（右），並加以守護⑪。

下層又出現3條守護蛇⑫，其後跟著一群被砍下頭顱的歐西里斯之敵⑬。拉用「不應存在之物」等忌諱的言語來形容他們，使其在「殲滅之地（即地獄）」受罰。

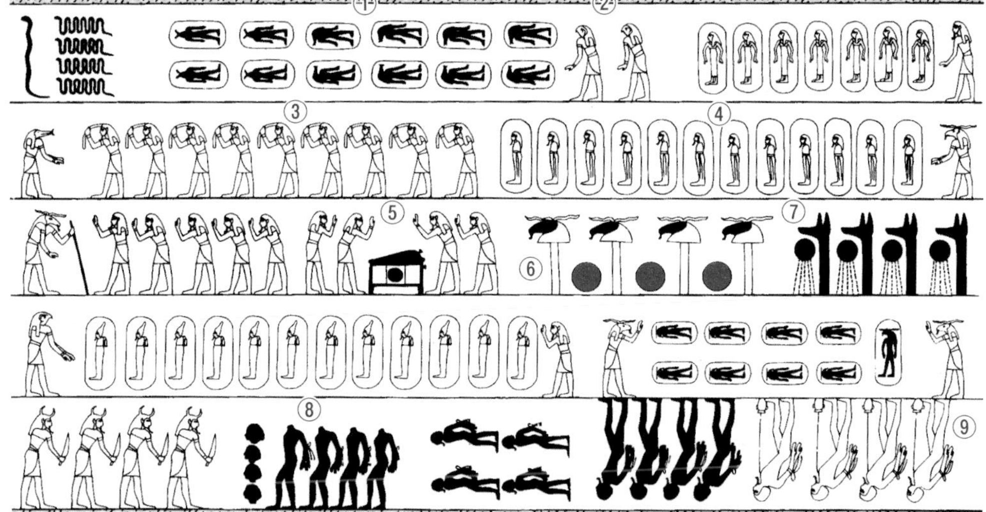

－第２場－

第２場的開頭也描述著太陽神進入蛇所守護的區域。石棺內可見鯰魚形象的歐西里斯①。太陽神伸出手來，將手心朝向這些安躺在石棺內的眾神、女神們的棺木②。

在第２層，拉神在第二個登記簿主張長髮③，並面向各種形態及性質的歐西里斯。拉神說要賜予他們光明，並向他們提出「請張開雙臂接受我」等請求。石棺內的人們④返老還童，因獲得活力而感到滿足。

第３層也描述拉和歐西里斯相遇的內容。賦予膜拜太陽神的各種歐西里斯形態光明，賜下喜悅。一群人守護著裝有心臟的神祕箱子⑤。在通過這塊區域的時候，歐西里斯的身體也會產生變化，由太陽神的頭⑥和胡狼頭⑦在一旁守護。

第４層也遇見各種形態的歐西里斯，以及侍奉歐西里斯的人。這些人能協助告知祕密的名字，以便順利通過這裡。

最下層又再次出現被捆綁斬首的歐西里斯之敵⑧。其後方描繪著復活所需、也是人格的心臟，不是遭到撕裂，就是倒掛垂懸⑨。拉再度以「不應存在之物」等忌諱的言語來形容他們，使其在「殲滅之地＝地獄」受罰。

接著，拉帶著歐西里斯進入被視為「大地之神阿克爾的區域」。

拉美西斯六世陵墓的第２場

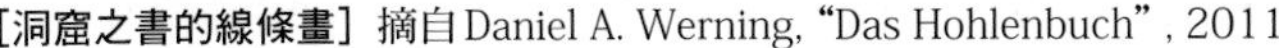

［洞窟之書的線條畫］摘自 Daniel A. Werning, “Das Hohlenbuch”, 2011

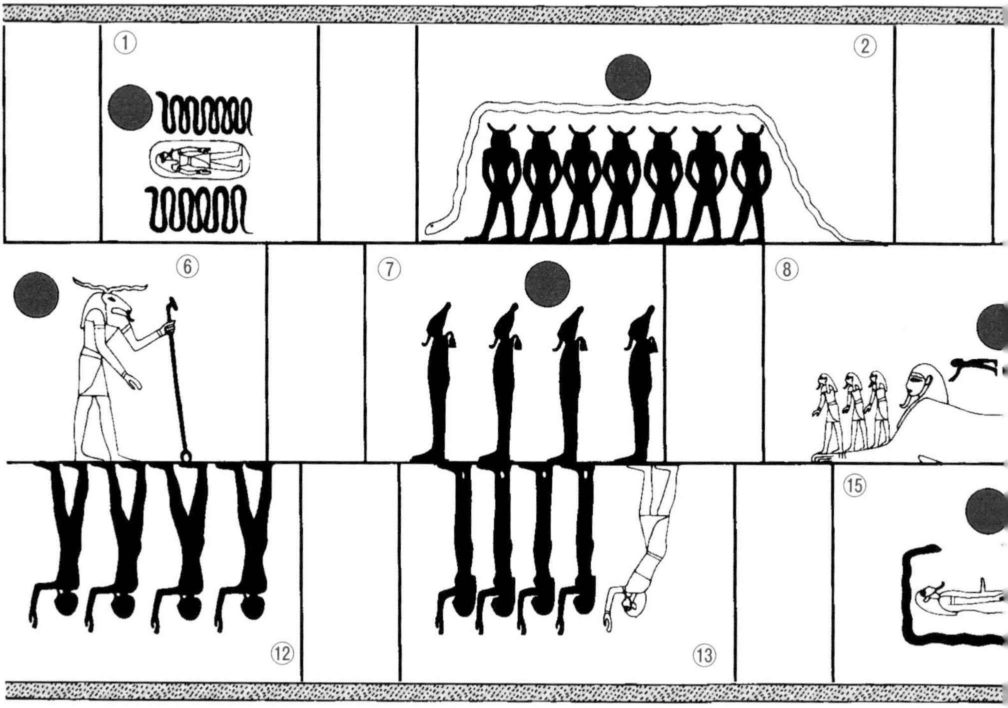

－第3場－

為「大地之神阿克爾」存在的區域。太陽神拉進入大地之神阿克爾（連接斯芬克斯前半部的神）所在的區域。在這塊區域中心現身的阿克爾正下方，拉看見橫臥在地的歐西里斯遺體被蛇團團包圍。歐西里斯被描繪成安置在石棺內的死去法老，一旁有蛇守護著①。

鯰魚形象的人物在蛇的守護下並排站立②，他們身負協助阿克爾的任務，也是大地和水域最深沉、最黑暗的地區象徵。

太陽神呈現不同種類的羊（*bꜣ*和*str*）的形象，以俯臥的姿勢躺臥在兩座山丘中。祂為通過這裡的人帶來光明③。

從左至右依序安置著伴隨太陽圓盤、被視為「沉默王國」的男性，以及「神之王國」的女性、「崩

拉美西斯六世陵墓的第3場 ②

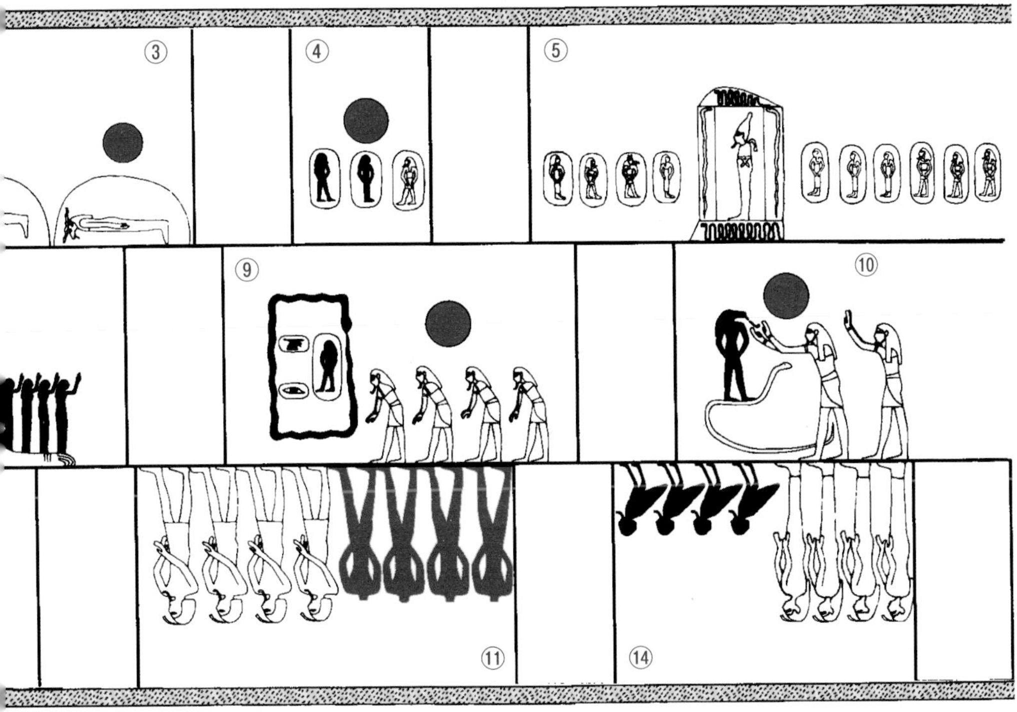

**拉美西斯六世陵墓的第3場 ⑤、⑩**

潰之主」的男性之石棺④。

和第 1 場一樣，歐西里斯站在被蛇（*mḥn*）守護的祠堂中⑤。西方第一人（*ḳdn ỉmntyw*）歐西里斯負責指示西方的人們，阿努比斯等導正這個區域紀律的眾神和女神，均被安置在石棺中。

太陽神拉以拄著拐杖的長者形象現身，祂伸出手來，看似在尋求幫助⑥。拉身上的光也開始出現衰微。歐西里斯⑦身為「西方主人」，拉對祂的 4 種形態各自的職責表示最大敬意。（接續下頁）

拉美西斯六世陵墓的第3場 ⑧

這是第3場最重要的場景。斯芬克斯形象的阿克爾被9位神祇圍繞守護⑧。斯芬克斯的上方有蓋布和凱布利（安置於石棺），前腳有阿圖姆和冥界的兩位神祇，右側有泰芙努特、努特、伊西斯和奈芙蒂斯。其下方臥躺著被蛇守護的歐西里斯。拉通過此處，將歐西里斯從黑暗中解放出來。

歐西里斯、拉的羊頭和眼睛都安置在石棺內⑨，都被咬住自己尾巴的蛇（銜尾蛇）所包圍，看似強調拉和歐西里斯是一樣的。

解開蛇的包圍後，歐西里斯成為「變成兩人之人」、「變成兩個 *k3*（靈魂）之人」，呈現與太陽分離的狀態⑩。

最下層的兩側，是再次陷入地獄的人們。冥界的「敵人」全都呈現上下倒置的形象，有些人甚至被斬首⑪。左邊擺出膜拜姿勢的人正在請求網開一面⑫。也能看見女性形象的敵人⑬。

就連他們的靈魂，亦即鳥的形象的 *b3*，也是以上下倒置⑭受罰的形象呈現。

歐西里斯的遺體也在同一處，但祂正受到蛇和太陽圓盤守護⑮。

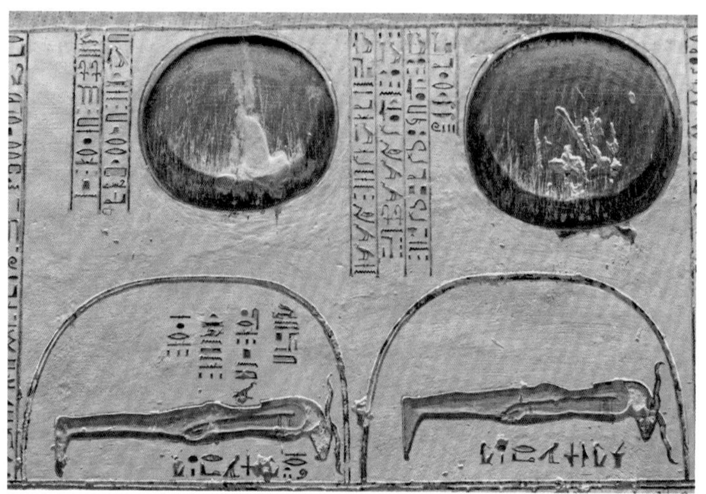

拉美西斯六世陵墓的第 3 場 ③

拉美西斯九世陵墓的第4場

## 一第4場一

太陽圓盤和羊頭太陽神於後半段再度登場，且兩者之間出現一條昂首直立、被認為是「偉大之物」的蛇。

開頭的聖書體文本，讚揚太陽神為黑暗的領域帶來光明。中層的開頭，有3個人正在盛讚太陽之美①。拉在歐西里斯以及信奉歐西里斯的人面前許下大量誓言和承諾。

在第1層，為了復活歐西里斯，妻子伊西斯女神和妹妹奈芙蒂斯女神，將歐西里斯的身體向上舉起②。接著，歐西里斯的兒子荷魯斯和阿努比斯，為祂進行照顧和治療③。第3格是化身為西方公牛的荷魯斯，對安置在石棺內的埃及獴（Ichneumon）及停止跳動的平靜心臟表示讚賞④。

第2層的中央，兒子荷魯斯⑤伸手朝向石棺內受到蛇守護的兩種歐西里斯形態；阿努比斯⑥伸手朝向歐西里斯和貝努鳥（蒼鷺）形象的歐西里斯靈魂 *bꜣ*，以此來守護祂。

下層為地獄的景象。米烏提（*Mỉwty*，貓形象者）給予上下倒置的敵人懲罰⑦。敵人無法從米烏提的手中脫逃。其次是母獅頭的塞赫麥特女神，負責守護的親信向臥躺的女神⑧伸出手來。接著又是上下倒置的敵人⑨。這些都是被奪去靈魂的人，他們聽不見也看不見拉。

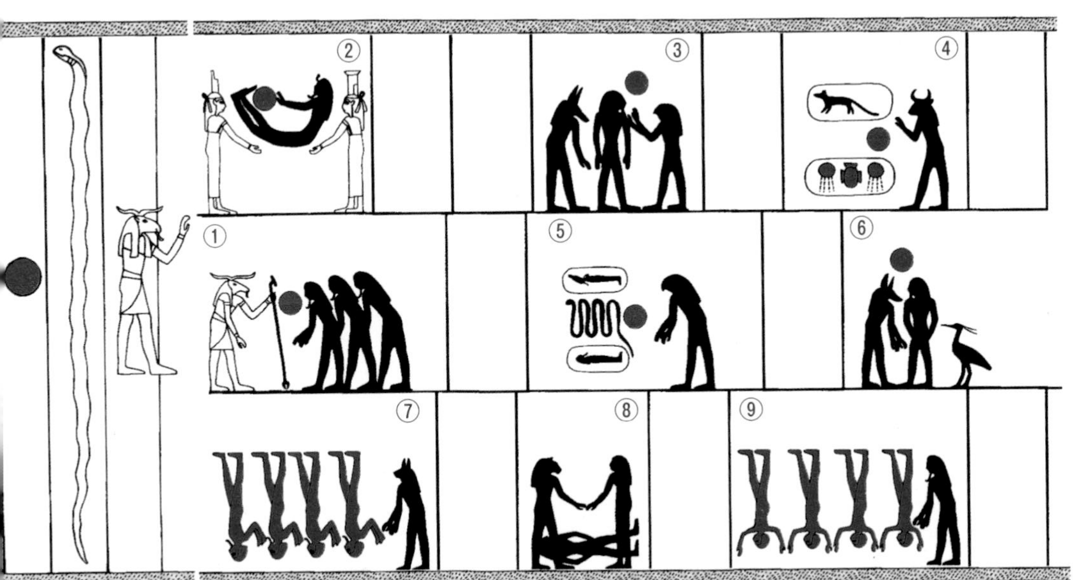

**一第5場一(參照下頁照片)**

塔添能（Tatenen）在此登場。祂是孟菲斯自古以來就信奉的大地之神，人們相信祂是眾神之父，能賦予太陽活力，並使陽光照射在許多區域。

開頭令人印象深刻的女性為天空女神努特①。正如「神祕之人」的描述一樣，她呈現神祕的姿態。首先，她用手托著圓盤狀的太陽和靈魂 *bꜣ* 形象的太陽神。她的兩側有下巴蓄鬍的人頭蛇昂首直立②，前面由上而下依序為推著太陽圓盤的聖甲蟲、公羊、羊頭的拉及幼兒；後面由下而上依序為公羊頭、聖甲蟲、瓦吉特之眼、推著太陽圓盤的鱷魚，身邊圍繞著太陽運行的意象。她的腳背伸出兩隻手臂，作為大地之神接收象徵太陽的幼兒。

努特女神的前方繪有3層區域。

最初為歐西里斯神。祂的後面伴隨著直立的4條人頭蛇，做出向太陽神拉膜拜的姿勢④。其次為死者形象的阿圖姆和凱布利支撐著塔添能的場景⑤。右邊是兩個幼兒形象的拉⑥和歐西里斯，祂們分別安置在石棺內⑦。有個神正朝石棺伸出手來⑧。

中層站著荷魯斯形象的4位神祇⑨。祂們像拉、阿圖姆、凱布利、歐西里斯的第1個孩子荷魯斯一樣蘊藏著神性。阿努比斯從背後協助祂們。其身後的石棺收藏著阿圖姆神的權杖⑩，藉此展現太陽神的創造力。

最後，石棺內臥躺著4名未知的女神。

下層為地獄。女神所持的兩根拐杖上都綁著即將受到懲罰的囚犯⑫。接下來的兩張圖呈現敵人在大釜中遭到處刑的景象。大釜由從殲滅之地伸出的雙臂支撐著。一個裝著這些人的頭和心臟（復活所需，被視為內心和人格）⑬，另一個是將被斬首、被束縛的囚犯身體倒放進大釜中⑭。眼鏡蛇（Uraeus）朝大釜的升火處噴出地獄的業火。

第5場的中間，由歐西里斯頭頂 *bꜣ* 符號的鳥的形象區隔開來，蛇站在祂的前面守護。

歐西里斯身後的上層，太陽神拉的光和聲音被擬人化，正對收納著象徵歐西里斯的「肉體、部位」等象形文字的石棺悉心照顧⑯。

第2層是女神泰伊特（*Tꜣyt*，住在大地之人）向太陽神問候⑰。接著，歐西里斯和荷魯斯把象徵太陽神的羊頭擺在中央，崇拜著太陽⑱。

下層的大釜裝有象徵拉、歐西里斯之敵的肉體（右）、靈魂 *bꜣ*（鳥的形象）、*šwt*（影子）的文字⑲。

這個大釜也是由從殲滅之地伸出的雙臂所支撐。對古埃及人而言，影子也是靈魂、人格的一種，是重要的存在要素之一，這就是影子也受到懲罰的原因。

第5場和第6場之間，寫有由13個連禱組成的長篇文書。在這裡，太陽神作為「名字被隱藏的祂，歐西里斯」，提到包括第5場中描述祂的敵人在內的所有登場者。

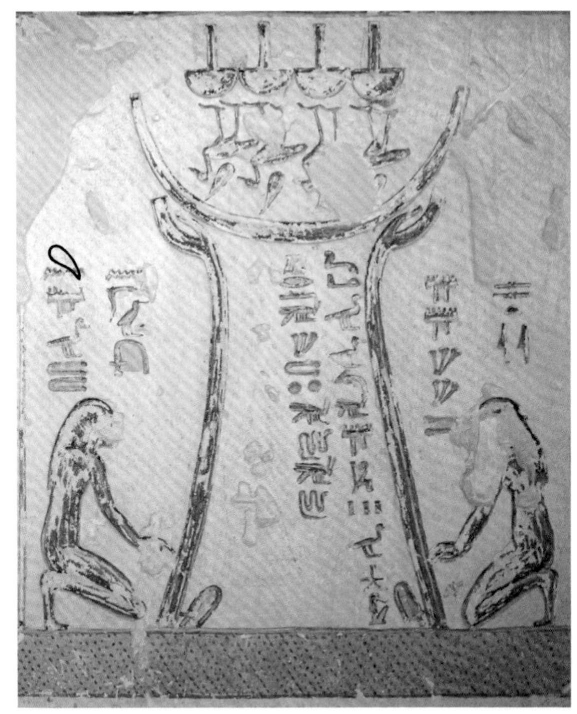

**拉美西斯六世陵墓的第5場 ⑲**

拉美西斯六世陵墓的第5場 ①～⑯、⑱

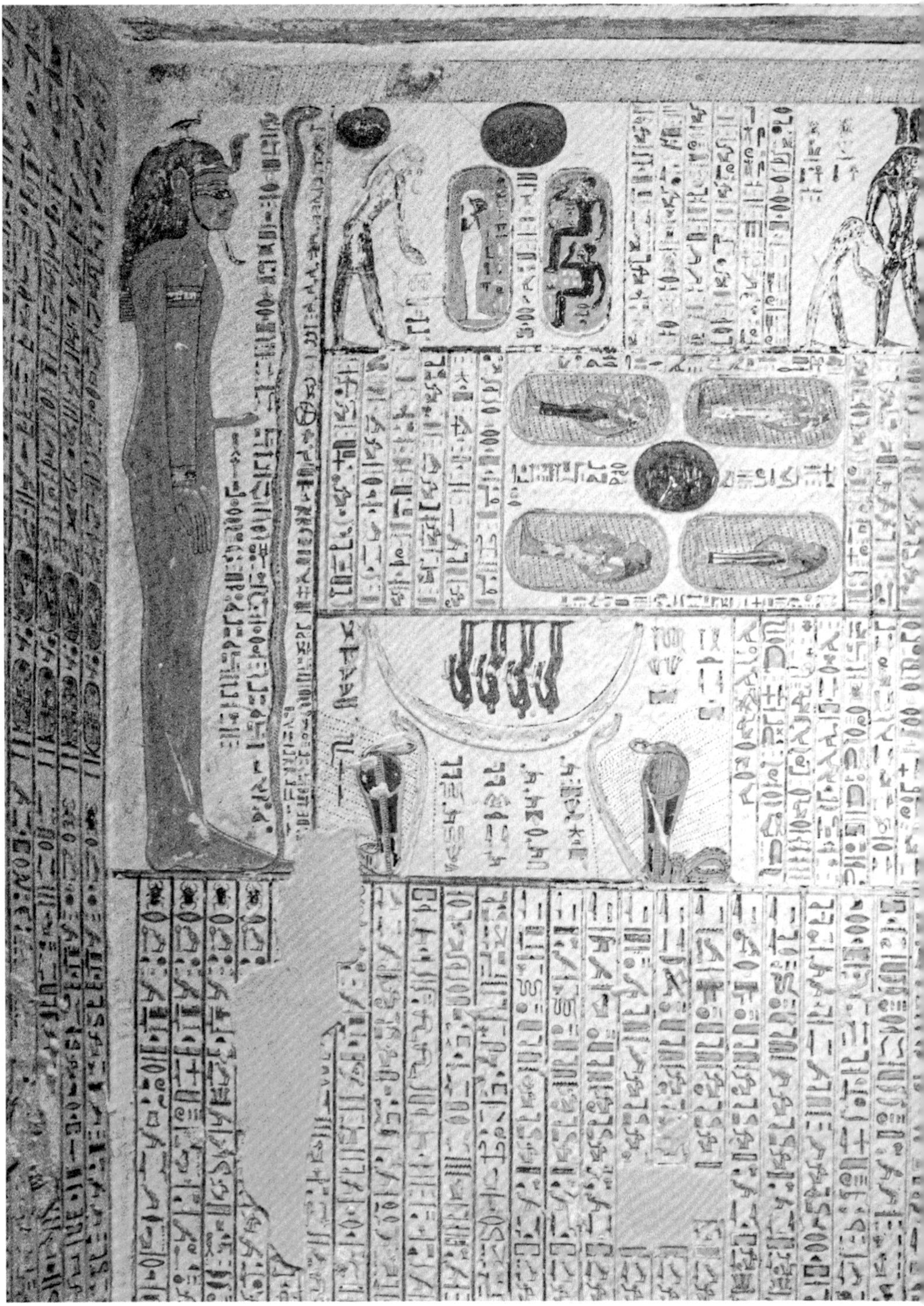

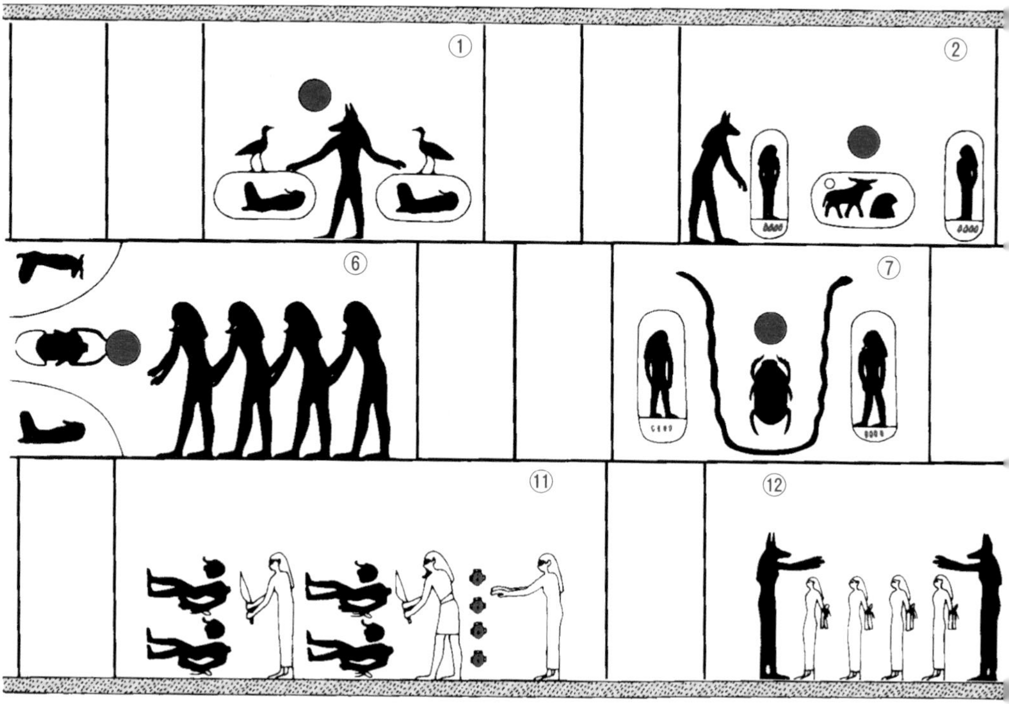

**－第6場－(參照第78頁照片)**

最初的場景是葬禮和製作木乃伊的神阿努比斯搬運裝有「位於大地之人」身體的石棺①。接著是伴隨「肉體」文字（右）的女神被安置於棺木內，中間擺放的是收藏太陽神拉的公羊（靈魂 *b3*）和獵鷹頭的石棺。阿努比斯向這些伸出手來②。

第3個區域，女神們正看守著裝有「位於冥界之人」的石棺，以及聖甲蟲（日出的太陽）、公羊（冥界的太陽神）頭部的石棺③。

最後一幕是獵戶座歐西里斯低垂著頭，站在雙手被反綁、頭顱被砍下之人的墳塚上④。後面是埋葬肉體的墳塚，上面停留一頭獵鷹，前方有讚頌荷魯斯神的神⑤。歐西里斯是為了守護荷魯斯（裡面的太陽神）而存在，祂能恢復荷魯斯神失去的眼睛（與賽特神的戰鬥中失去的一只眼睛），並賜予荷魯斯神光明。

中層開頭描繪的是日出前，聖甲蟲從「西方的兩個神祕地下空間（日出之山）」推動太陽圓盤。兩個空間裡有歐西里斯和太陽神拉（公羊、*b3* 的形象），四神出來迎接祂們。這篇文本中，呈現出聖甲蟲引導著眾神重生⑥。

其次是被巨蛇包圍的聖甲蟲。邪惡巨蛇的最終威脅仍然存在。冥界兩位經驗豐富的偉大之神將巨蛇碎屍萬段，並施展咒語將其消滅⑦。在這條蛇被認為含有惡意的期間，在另一個區域的塔添能墳墓旁，可以

拉美西斯六世陵墓的第6場 ⑦

③ ④ ⑤

⑧ ⑨ ⑩

⑬ ⑭

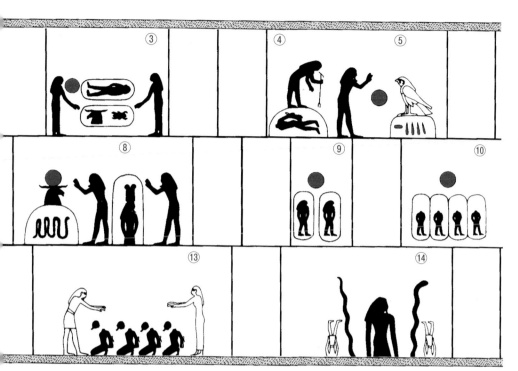

看見公羊頭的太陽神從墳塚中重生的景象⑧。
在第4個場景中，兩個安置於石棺內的獵鷹頭之神（荷魯斯神的化身）遇見太陽神，並獲得祂賜予的恩惠⑨。緊接著，太陽神又遇到數位安置於石棺內的無頭之神⑩。祂們的頭在太陽神的創造力之下得以恢復。

最下層是人們在地獄裡接受懲罰的景象。
一開始，女神也加入其中，並用匕首將他們的頭砍了下來。附加的文章中還記載著他們的靈魂*bꜣ*、影子*šwt*也會受到懲罰⑪。
其次為胡狼頭的女性處刑者和4位雙手被縛的女性。上面記載著這些女性被送往殲滅之地，已經無路可逃⑫。
第3張圖描繪著伸手守護被砍下首級之人的男女之神⑬。
最後，歐西里斯從棲息於殲滅之地的巨蛇和被扔進深淵的人們之間站了起來⑭

拉美西斯六世陵墓的第6場 ⑫

**拉美西斯六世陵墓第6場的結尾**
接續上一頁的第6場場景，呈現太陽現身於地平線的最終場面。

**塔沃斯塔王后墓的第6場**
描繪大大展開翅膀的羊頭太陽神，由下向上騰起的第6場最終場面。在麥倫普塔陵墓的墓室也能看見這個場景。

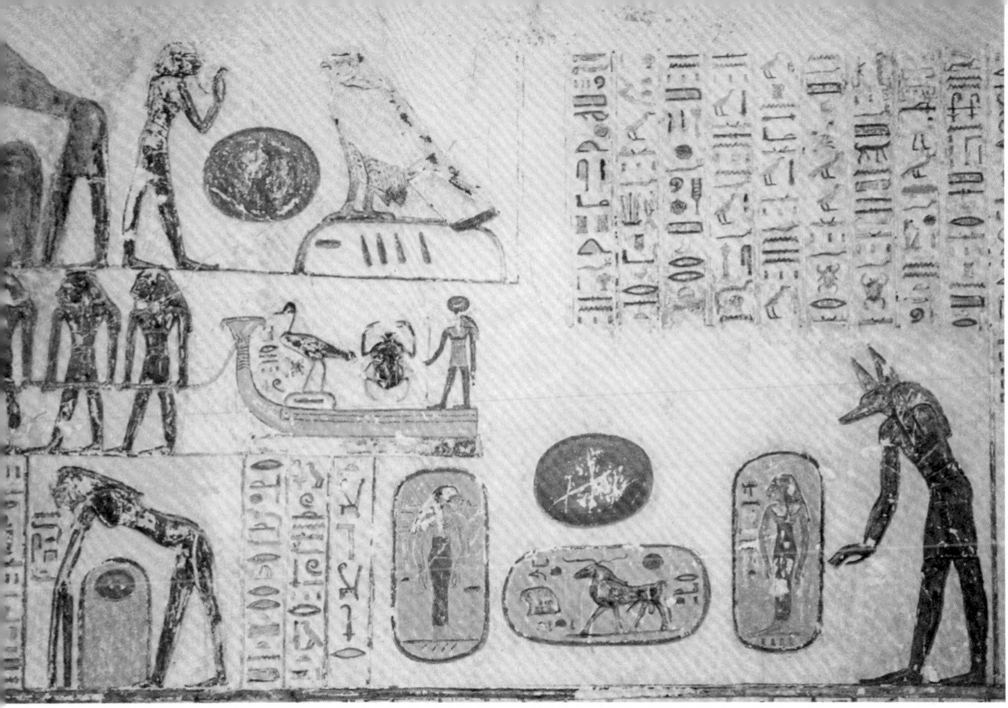

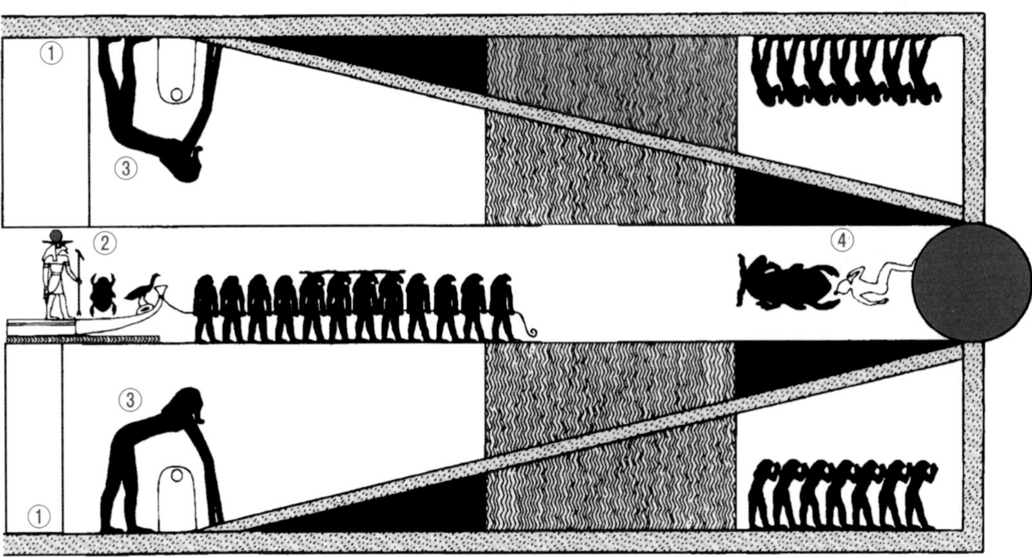


**－第6場結局－**

日出太陽形象的聖甲蟲、夜晚公羊（*bꜣ*）頭的太陽神，在12名神祇的牽引下，乘坐太陽船②從沙漠①之間現身。
在太陽船的上下各有一位神祇③，祂們在日出的時候，會蒙蔽不得映入眼簾的冥界穢物。

冥界的太陽船尚未能看見它的全貌。太陽船只畫到一半，代表太陽神從冥界來到現世，從東方之山重生的形象。太陽船的前方，太陽化身為公羊、聖甲蟲、幼兒，以太陽圓盤的形式閃耀著光芒。④在地平線的附近，描繪著具有特色的三角形道路。黑色部分是冥界的邊緣，那裡是孕育萬物生命的原初水域。

大地之書
[阿克爾之書]

這幅著名的壁畫為拉美西斯六世令人印象深刻的墓室之裝飾，商博良於1844年發表有關這個文本的文章，但沒人知道這份葬祭文的古代名稱。研究者根據其內容，標記為La creation du disque solaire（太陽的創造）、Buch des Aker（阿克爾之書）、Buch von der Erde（大地之書）等。

這張圖呈現從深淵中伸出的大地手臂所舉起的太陽圓盤，於殲滅之地（地獄）中懲罰和解體埃及敵人的景象。正如之前看到的一樣，除了以歐西里斯神在死者的靈魂 *bȝ*、太陽神的變身中發揮核心作用之外，太陽神通過的地平線守護神阿克爾、大地之神蓋布和塔添能神也同樣發揮重要的功能。

大地之書並未按照夜晚的時間來劃分。無論是日落時通往冥界的入口，抑或清晨太陽重生復活的終局場景都不明朗。太陽的各個場景，看起來都是以片斷的方式進行配置。太陽船也只出現在部分的場景之中。

本書大致上也是按照這張圖的順序來介紹，但這裡要先聲明，這些內容目前尚未確定。

**[左頁上] 拉美西斯六世陵墓的第1場**
**[左頁下] 拉美西斯六世陵墓的第3場**

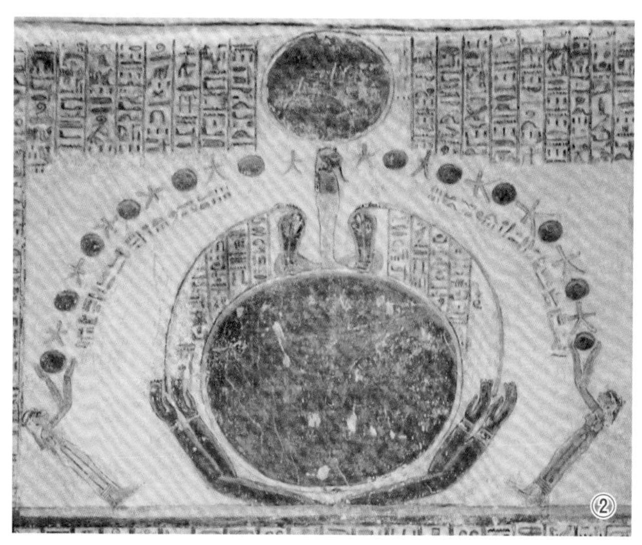

－第1場－

從右上角開始。拉美西斯六世於牆面的左右兩側下跪，擺出讚頌的姿勢。

①歐西里斯的櫥櫃。頭戴白冠的歐西里斯站在蛇所守護的櫥櫃之中。歐西里斯的前後還有讚頌歐西里斯的靈魂 *bꜣ* 和大地之神蓋布的墳塚。

其下方，阿努比斯和「神祕之物」把手伸向裝有歐西里斯身體的櫥櫃。這被認為是靈魂、肉體更新的一種表現方式。

在歐西里斯之墓的兩側，負責處罰的神舉起寫有「身體部分」（右上）、「*šwt*（影子）」（右中）文字的大釜，手持「火」（右下）文字的神從上方將其點燃。「火」的文字前端是遭到斬首的敵人，呈現血液從其身上流入大釜的景象。

②創造太陽圓盤的意象。中央的太陽神拉以木乃伊形象站在巨大的太陽圓盤之上。Uraeus（眼鏡蛇）在其兩側吐出守護之火。太陽圓盤是由從原初之水努恩的深淵伸出的兩對手臂支撐，其周圍有12顆星星（夜晚的12小時）和12個小型圓盤（白晝的12小時）組成的圓環，兩位女神（左邊為阿蒙涅特〔Amunet〕右邊為阿提涅特〔Atenet〕）握住其兩端。

③神祕的女神。從「洞窟之書」的第5場抽出努特女神的一部分。她在這裡被視為「神祕之物」，其手上托著太陽神拉的靈魂 *bꜣ*（羊頭鳥）和太陽圓盤。守護她的是女性的頭吐著火焰的兩條蛇，腳邊同樣有守護她的蛇和鱷魚。

**[大地之書的線條畫]** 摘自 Joshua Aaron Roberson, "The Ancient Egyptian Books of the Earth", 2012

④阿克爾神和太陽船。這也是「洞窟之書」中很受歡迎的題材。太陽船出現在兩頭背靠背斯芬克斯的大地之神阿克爾的背上，此外還有兩條眼鏡蛇（Uraeus）輔助支撐。船上站著夜間形象的羊頭太陽神，猴子和凱布利（聖甲蟲）擺出讚頌的姿勢。
下面的場景是伊西斯（右）和奈芙蒂斯（左），兩個法老形象的人物支撐著聖甲蟲的有翼太陽圓盤。

⑤荷魯斯神和阿圖姆神伸手守護著躺臥的歐西里斯，其旁邊繪有7座埋葬無名之神的墳塚。

⑥荷魯斯神的誕生。弓起身子的歐西里斯身體位於橢圓環中（聖甲蟲的梨形糞球，即重生復活之球），獵鷹頭的荷魯斯神從中現身。這個歐西里斯受到伊西斯（左）和奈芙蒂斯（右）守護。

⑦無名之神捧起鳥形象的歐西里斯靈魂。一旁是太陽神拉的隨行者，以羊頭木乃伊的形象躺臥在墳塚內。

⑧原初之水努恩的手臂支撐著太陽圓盤。接著是羊頭太陽神拉，大大的太陽圓盤上方出現哈索爾女神的頭和蛇。阿圖姆神握著這條蛇的頭，其尾端由「掌握者」握住。太陽圓盤的兩側有眼鏡蛇（Uraeus），左邊的男人正監視著它們的樣子。可以認為這是呈現太陽重生的場面之一。

⑨凱布利神的誕生。在夜間形象的公羊頭太陽神前方，出現「大地之物」的讚頌姿勢手臂。在兩條眼鏡蛇（Uraeus）的讚頌中間，聖甲蟲以有翼太陽圓盤的形象，從太陽圓盤推著小型太陽圓盤。
周圍有收納4具木乃伊的墳塚。

⑩墳塚的場景，羊頭太陽神的前方有墳塚和4個石棺。墳塚內有個身體前傾的人，此人的腳邊遭到遮蔽而消失不見。其周圍可以看見兩個裝有收納人類木乃伊的石棺，以及兩個頭部是意為「～的主人」的 *nb*（簍筐）文字（右）的木乃伊。

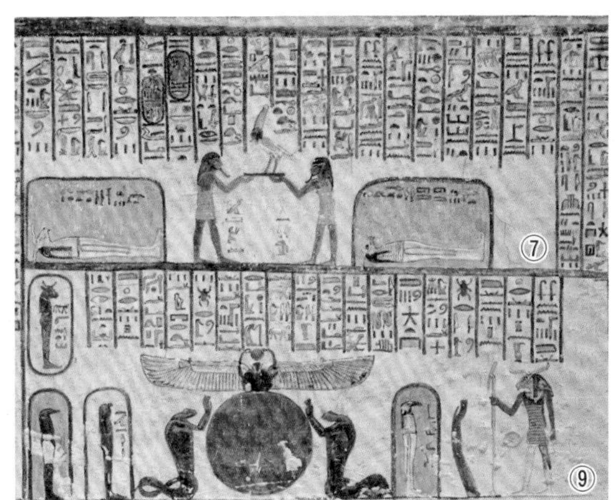

⑪出現公羊形象的神與火的化身。引導公羊神的明燈，為「燃燒之物」的頭部化為火焰的人。

⑫凱布利神的誕生。朝左方的鼢鼱神和人，以及朝右方的鼢鼱神和獵鷹頭神的棺材後方，站著夜間形象的羊頭太陽神；從太陽圓盤推著小型太陽圓盤的聖甲蟲，從大型太陽圓盤現身。其周圍排列著收納歐西里斯、蓋布、舒、荷魯斯、凱布利、伊西斯、奈芙蒂斯、努特、泰芙努特等神祇身體的棺木。

⑬被視為落入地獄的人。四柱神分別手持倒著被斬首的敵人。這些人大概是為了表現出被血染紅的樣子因而塗成紅色。這個場景後面，有4名跪著的男人分別被女神束縛著。其頭上皆有「火」的文字（右），代表這些人正受到女神們的焚燒和炙烤。

⑭地獄的大釜。手臂從殲滅的地獄中伸出並舉起大釜，將敵人燒死。大釜下方還有口吐火焰的頭。女神伸手蓋住中央的大心臟，它也會被剁碎，再也無法復活。

⑮殲滅之地的象徵。收納著「遭到殲滅之人」的巨大女神身體之棺木，為地獄的象徵。上方的墳塚內各有3尊男女神擺出讚頌的姿勢。

⑯阿佩普（Apophis）遭到捕獲。眾羊頭神於冥界捕捉到妨礙太陽神行進、阻礙其復活的巨蛇阿佩普，並拉長牠的身體，將匕首插在其脖子上。
歐西里斯佇立在蛇下方的墳塚內，其右邊為蓋布神的屍體，左邊為塔添能神的屍體。位於冥界的祂們，腳下沒有被描繪出來。

**－第2場－**

①從羊頭太陽神開始。靈魂*bꜣ*呈現「西方力量」的鳥的形象，站在棲木的頂點，擺出讚頌太陽神的姿勢。接著凱布利從巨蛇阿佩普的背部現身，祂呈現頭頂*bꜣ*的聖甲蟲形象。這個*bꜣ*雖然沒有名字，然而創世神阿圖姆和大氣之神舒卻對祂展現出接受的態度。

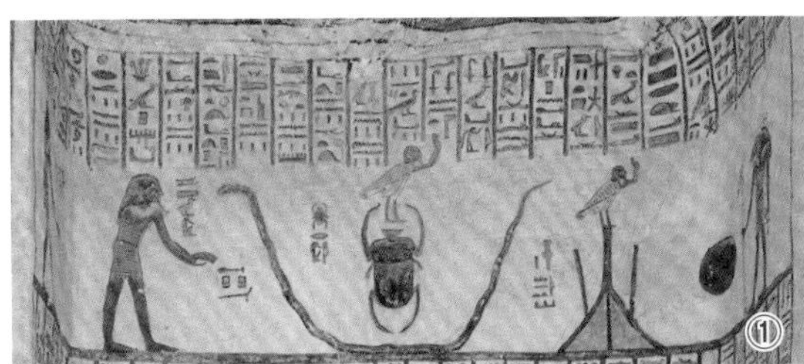

②下面的第2層也站著1位羊頭太陽神。無名神正擺出讚頌的姿勢來迎接祂的到來。無名神的後方，「冥界的荷魯斯」即將從太陽圓盤中現身，2位羊頭神和於神祕現象現身的2位蛇頭神正伸手守護著祂。

③第3層的男女神擺出讚頌的姿勢。4位神祇手持附有女性頭部的手杖，這些手杖具有打擊邪惡之人和敵人的功能。

④移向左側。拉美西斯六世的壁畫中，以年老之姿拄著*wꜣs*權杖的神，被認為是死去的阿克爾神（拉美西斯七世墳墓中為凱布利和獵戶座的*bꜣ*）。祂正受到人頭鳥身的*bꜣ*讚頌著。其兩側為受到火焰支撐的太陽圓盤祕密墳塚，女神擺出讚頌的姿勢，從那裡現身。

⑤隨後是歐西里斯形象的四神，其間均夾著太陽圓盤。火焰連接著這些太陽圓盤，就有如包覆歐西里斯一樣。從大地伸出的手臂，最後頭部也從「看不見的殲滅之地」冒出，並支撐著太陽圓盤。

⑥下層右邊為女神命3名敵人跪在地上，將手反綁在後面。

⑦左邊是趴在棺木上正欲撐起上半身的木乃伊。女神們伸出手守護著這些「正欲起身」的人。

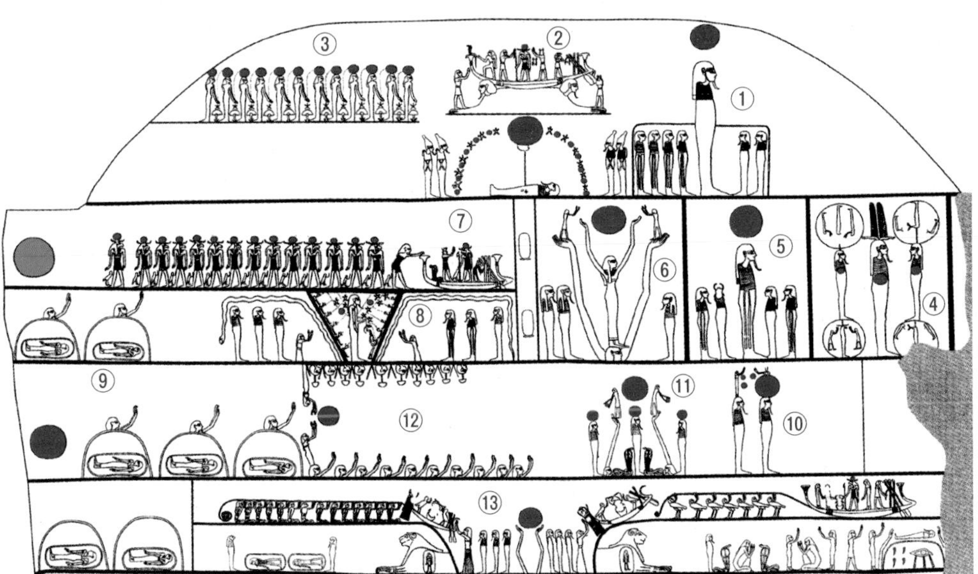


—第3場—

①從「守護屍體之人」的太陽神開始。祂受到名為「黑暗墳塚」之處的木乃伊所包圍。

②背靠背的斯芬克斯形象的阿克爾神描繪於牆面最上方。其身上寫著「阿克爾」，左邊的斯芬克斯前面寫著「從大地（阿克爾）現身」，右邊的斯芬克斯前面寫著「位於兩座洞窟之人」。阿克爾上方的太陽船上，阿圖姆和凱布利正讚頌著太陽神；荷魯斯負責掌舵，另一個人則為嚮導。太陽船從右邊的阿克爾（東）現身，駛向左邊的阿克爾（西）；然而，右邊的阿克爾前面寫著「進入之物」，左邊的阿克爾前面寫著「出來之物」，兩者意義有所分歧。

阿克爾的下方為以木乃伊形象橫臥的太陽復活了。獵鷹（照片上消失不見）從太陽圓盤下方探出頭來，呈現光線照射在躺臥的「神祕屍體」之上。在12顆星星和12個太陽圓盤的包圍下，左邊站著代表「時間之物」和「匆忙之物」的兩尊歐西里斯；右邊站著代表「心靈的神祕之物」和「塞提」的兩尊歐西里斯。

③分別描繪掌管夜晚時間的12位女神。每位女神的腳邊皆繪有代表「星星」、「*šwt*（影子）」的文字（右），頭頂太陽圓盤。

④站著「位於西方的屍體守護者」。這雖被認為是歐西里斯神，但沒有明確記載。其周圍的4個圓

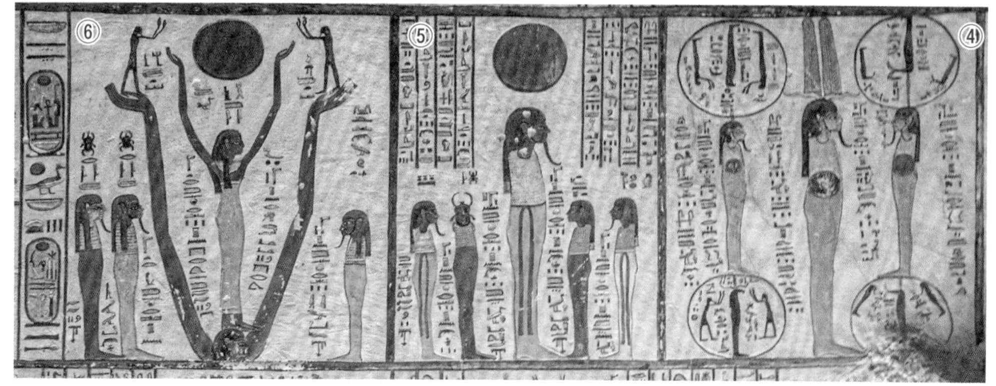

圈內可以看到數具木乃伊。
左上方圓圈的中央為獵鷹頭的太陽神拉，其後方站著「讚頌女神」，前方站著「跟隨女神」，右上的圓圈為三柱骷髏頭神。小神頭頂附近的前後有「顛倒之人」、「照耀之人」的描述。
左下的圓圈為羊頭的太陽神拉。讚頌祂的兩名男性，身旁寫有「卵中之人」。
右下的圓圈中央也是骷髏。上面寫著「守護靈魂 *bꜣ* 之人」，其前後寫著「統括靈魂 *bꜣ* 之人」。

⑤拉・歐西里斯與四神。從右到左依序為舒、泰芙努特、凱布利、努恩。

⑥太陽圓盤的創造。從大地深處探出頭和大大的手臂，其頭上站著名為「殲滅之物」的女神，她用雙手支撐著太陽圓盤。兩側有站在大手臂手心上的東方（左）和西方（右）女神，她們都擺出讚頌的姿勢。腳下的3具木乃伊為黑暗的守護者。

⑦荷魯斯神的誕生。描繪著夜間羊頭太陽神所乘坐的船。船尾寫著「拴住」等文字。上面乘坐著眼鏡蛇（Uraeus）形象的女神「指引之人」、凱布利、鳥的形象的拉神 *bꜣ*，以及在船尾掌舵的荷魯斯（荷魯斯的 *bꜣ*）。14名羊頭神的 *bꜣ*，正將船牽往左邊的太陽圓盤。

⑧荷魯斯神的誕生。站在V字形中間的男神相當醒目。這個形狀是由守護太陽神的「偉大之神」*mḥn*（盤據的蛇）所塑造出來的。蛇下面的6具木乃伊都有「偉大的 *mḥn*」的描述。其中，右邊的3具木乃伊還附有「很久以前的臉」、「年輕的臉」、「衰老的臉」等記載。
在其他的陵墓中，這名男神是以名為「隱藏時間流逝之人」（P.46）、「消滅時間之人」的神來呈現。祂站在洞窟中，受到手持小型圓盤的12星女神圍繞。這群女神向祂射出星星和太陽圓盤。男神的陰莖正下方有幼兒和火焰的文字（右），祂也意味著「使火焰誕生之人」。

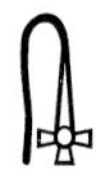

⑨7座墳塚分為3層，此為「冒出之人」。除了下層的兩座墳塚之外，安置女神的墳塚中皆冒出頭部和擺出讚頌姿勢的手臂。

⑦

⑧

⑪

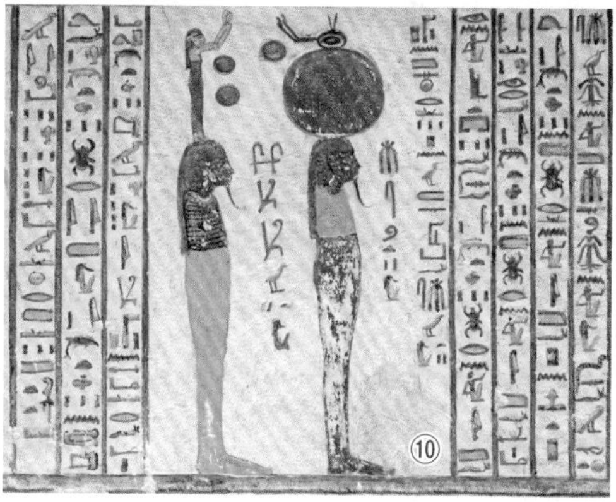

⑩

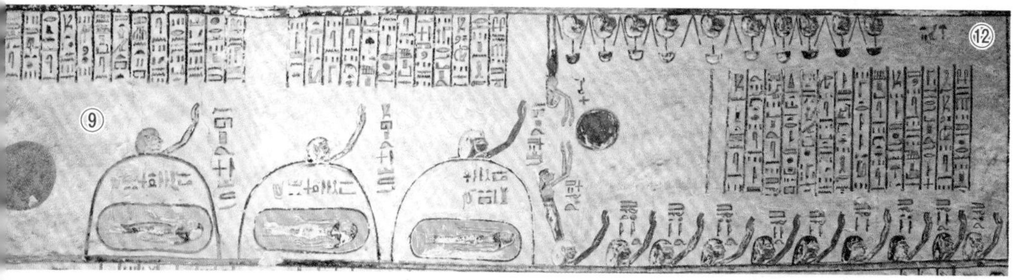

⑨

⑫

⑩站著塔添能與原初之水努恩的木乃伊。塔添能頭頂的太陽圓盤中伸出聖甲蟲的頭和腳，擺出讚頌的姿勢。努恩的頭上站著擺出讚頌姿勢的女神。此為太陽神創造的場景之一。

⑪太陽圓盤的創造，意為「穿過涼鞋下的黑暗之時」。中央頭頂太陽圓盤的神前面，從大地伸出的大手臂意為「消滅時間之物」，後面的手臂意為「隱藏頭部之物」，兩手都捧著一位手持太陽圓盤的神。眼鏡蛇（Uraeus）也一同加入守護的行列。這幅壁畫可以視為是消滅的時間及重新誕生的時間之形象。

⑫上下分別都冒出10顆頭，太陽圓盤在這些頭之間移動。上面的頭為「*šwt*（影子）的場所」，以「具有影子之人」的文字（右）來呈現影子。下面的頭為「跟隨太陽之人」的頭部和擺出讚頌姿勢的手臂。上下兩排的女神都對經過的太陽圓盤表示讚賞。

⑬為太陽從西方地平線進入冥界，到出現在東方地平線的行程摘要。太陽船上，從左至右依序為審判的女神、伊佩特（Ipet、Opet）神、凱布利（聖甲蟲）、羊頭太陽神、讚頌的女神、掌舵的荷魯斯，7隻鳥形象的*bꜣ*將太陽船牽往西方地平線。其下為一座墳塚，裡頭收納著流淚的眼睛和代表肉片的4個字（右），大地之神蓋布的手臂朝上懷抱躺在墳塚上的「哭泣之人」。一旁的男女正為此悲嘆不已。

其後方有蹲坐而下的Begsy神（壞事之神），祂的前後有「讚頌之人」和「位於火焰中的神聖之人」表示讚頌。

再來是「讚美之人」、掌管火焰及燃燒的眼鏡蛇（Uraeus）和神。太陽船接近阿克爾的背上，船上的船員變成了阿圖姆和凱布利的*bꜣ*，太陽神也化身為羊頭聖甲蟲。太陽船在塔添能神的迎接下進入冥界。在通過原初之水努恩的過程中，努恩的手臂將太陽圓盤高高捧起。

通過那裡之後（左側），眾神的色彩又恢復了。太陽船被努恩推了上去，出現在東方的地平線上。太陽船受到「引導之人」和「位於岸邊之人」的Uraeus（女性頭的眼鏡蛇）所牽引。其下方，左邊是「冥界的荷魯斯」，右邊是「被隱藏的大地之*bꜣ*」，兩者守護著收納「神祕手臂之人」（左）和「被隱藏手臂之人」（右）的石棺。

**－第4場－**

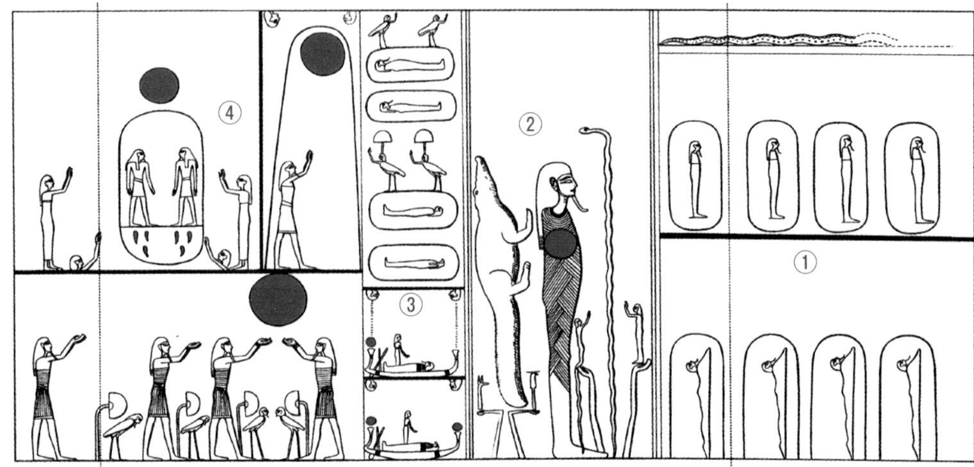

**拉美西斯六世陵墓的第4場**

①似乎是第3場流程中的場景。牆面上有條巨蛇守護著沐浴太陽神拉的光芒而得以呼吸的木乃伊，以及從俯臥姿勢抬起上半身、呈現「覺醒之人」姿勢的木乃伊。這帶有太陽神會消除腐敗這類事態的隱喻。

②保護太陽神木乃伊的鱷魚。太陽神木乃伊站在鱷魚前方，太陽圓盤裝在胸前。昂首直立的蛇比木乃伊還高，其底部有手臂伸出，支撐著擺出讚頌姿勢的女神。除了手臂之外，人頭蛇神Tepy也擺出讚頌的姿勢。Tepy和木乃伊身後的鱷魚Penwenty也是神的屍體守護者。鱷魚由被視為「黑暗手臂」的手臂所支撐。手臂上分別捧著「阿圖姆頭」和公羊「拉頭」的權杖。

③兩種*bꜣ*各有兩只，泰芙努特和努特的石棺也各有兩個。下面有頭頂影子文字（右）的*bꜣ*。其下描繪著躺臥的歐西里斯和獵鷹頭「冥界荷魯斯」的木乃伊。祂們分別由伊西斯女神和奈芙蒂斯女神陪伴。

④可以看到包含太陽圓盤及對其讚頌之人的大型墳塚。隨後是收納兩柱神的石棺，裡面可見表示「肉」的文字（右）（3個表示複數）。從大地冒出的2顆頭和2位女神，正對著這個石棺擺出讚頌的姿勢。其下方有奉上太陽圓盤的四神和4個*bꜣ*，以及4個*šwt*（遮陽板）的文字。

# 努特之書

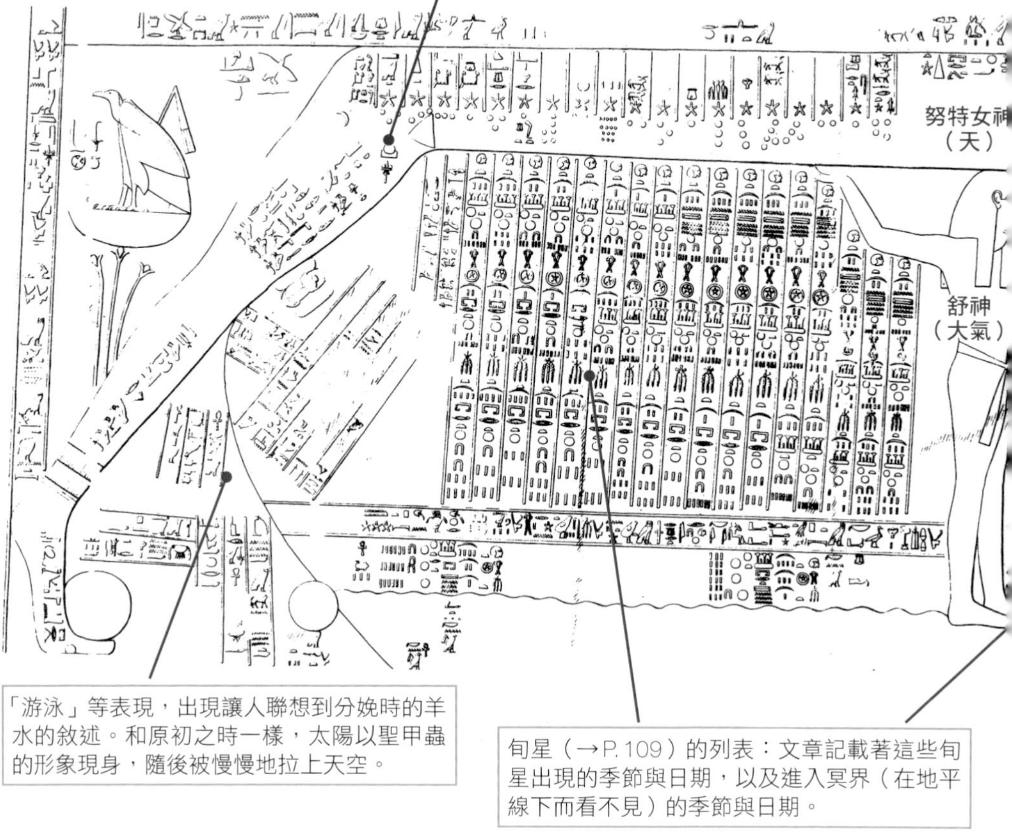

東方地平線

努特女神（天）

舒神（大氣）

「游泳」等表現，出現讓人聯想到分娩時的羊水的敘述。和原初之時一樣，太陽以聖甲蟲的形象現身，隨後被慢慢地拉上天空。

旬星（→P.109）的列表：文章記載著這些旬星出現的季節與日期，以及進入冥界（在地平線下而看不見）的季節與日期。

**[努特之書的線條畫]** 摘自Frankfort, H., De Buck, A. & Gunn, B. “The Cenotaph of Seti I at Abydos”, 1933

阿瑪納時代結束後，尤其在王室的喪葬設施中，人們對來世產生新的觀念，並將其繪製成圖像，那就是現今在埃及遺跡中令人印象深刻的天空女神努特。整體讓人聯想到「天空母牛之書」中的圖（第50頁），我想這說不定就是構思出這篇文章的原點。太陽神到了夜晚，會沿著天空女神努特的體內前進，太陽沒入（進入）地平線的景象，被認為是從努特女神的口中進入女神的體內。太陽在女神的體內移動，最後於隔天清晨誕生。

阿拜多斯的塞提一世靈殿，設有附屬設施歐西里翁空墓（Cenotaph），上圖即為雕刻於其墓室天花板上的「努特之書」。其後，在路克索帝王谷的拉美西斯四世陵墓的壁畫中，也出現了這個場景，但有部分內容遭到省略。

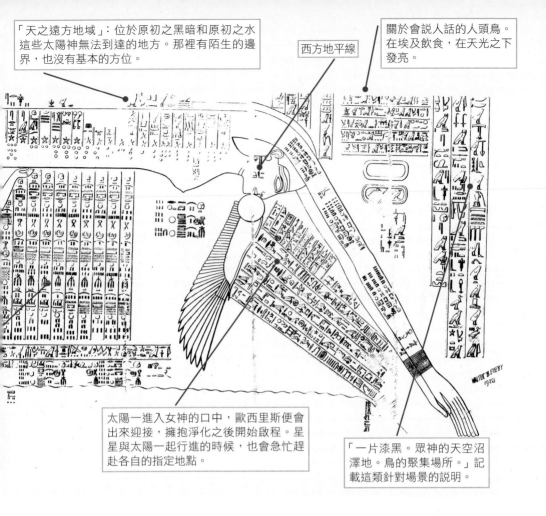

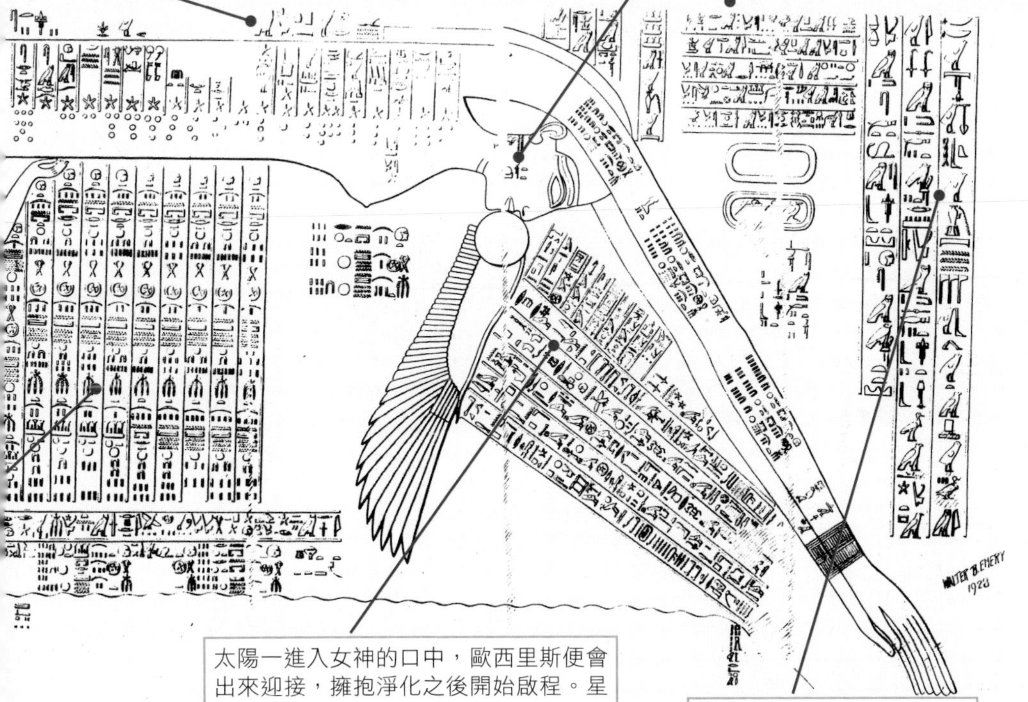

「天之遠方地域」：位於原初之黑暗和原初之水這些太陽神無法到達的地方。那裡有陌生的邊界，也沒有基本的方位。

西方地平線

關於會説人話的人頭鳥。在埃及飲食，在天光之下發亮。

太陽一進入女神的口中，歐西里斯便會出來迎接，擁抱淨化之後開始啟程。星星與太陽一起行進的時候，也會急忙趕赴各自的指定地點。

「一片漆黑。眾神的天空沼澤地。鳥的聚集場所。」記載這類針對場景的說明。

有趣的是，記載於這張圖旁邊的文章有一段是關於沒有描繪在這裡的大地之神蓋布（前篇第18頁）對著努特女神指責道：「妳為何要一個接著一個吃掉自己所生的孩子星辰呢？」。聽見兩人爭吵的大氣之神舒支撐著努特的身體，同時回答：「被吃掉的孩子並沒有死去，而是從東方出生，所以你們不應該再爭執不休了。」人們對「進入口中＝吃」

**歐西里翁**
**新王國第19王朝，約1290 BC［阿拜多斯］**

# 塞提一世陵墓的南天星座、北天星座

天狼星　*sꜣḥ*

[上] 北天星座

中央的牛和橫臥的人物，代表現今的北斗七星。古埃及人稱之為「*msḫtyw*」，並將其視為牛腿肉（前篇P.63）或王位更新祭的聖器手斧（前篇P.40）。

塞提一世陵墓

**[左] 南天的旬星**
右下，太陽沉入沙漠，天空出現星辰。古埃及人把黃道上的星辰分為36組（旬星），並為各組命名。這張圖被認為顯示的是尼羅河泛濫季開始（新年）的夜空。
按照現在的曆法，尼羅河泛濫約莫出現在7月底，這時也是東方天空日出前可以看見天狼星（星空中最亮的星辰）的時期。這張圖顯示*sꜣḥ*（獵戶座的3顆星）升起後不久，天狼星（*spdt*）也會跟著升起（前篇P.63），這幅景象描繪在最左邊。天狼星以與尼羅河泛濫有關的伊西斯女神形象呈現。附帶一提，在天狼星的後面也記載著數個旬星，這些被認為是表示天狼星之後還有其他星辰。
另外，*sꜣḥ*右邊的兩個星環似乎代表著昴宿星團（昴）。

在上一頁的「努特之書」中，與太陽一起沿著夜間黃道在努特體內移動的，就是古埃及人所認為的南天星辰群（旬星）。

這個容易產生的疑問，似乎想藉由神之口來解決。

此外，星星在一定的期間（大約70天），只會出現在白晝的天空，夜晚便見不到了。儘管之後還能在夜空中看見，但這種天文現象也被認為是「吃掉而消失不見」。值得一提的是，天狼星出現的時間會根據地區而有所差異；現在也是在5月20日左右開始消失在夜空之中，直到7月30日左右，才會在日出之前於東方的空中現身。

像這樣，某顆星星或星座在日出之前從東方地平線升起的現象，就稱為偕日升（heliacal rising）。以天狼星為例，人們一旦看見偕日升的現象，這時尼羅河就會開始漲水；這對埃及來說，象徵著農耕結束後，進入耕地恢復地力的季節，也作為新年的開始，因此深受埃及人的重視。

# 白晝之書和夜間之書

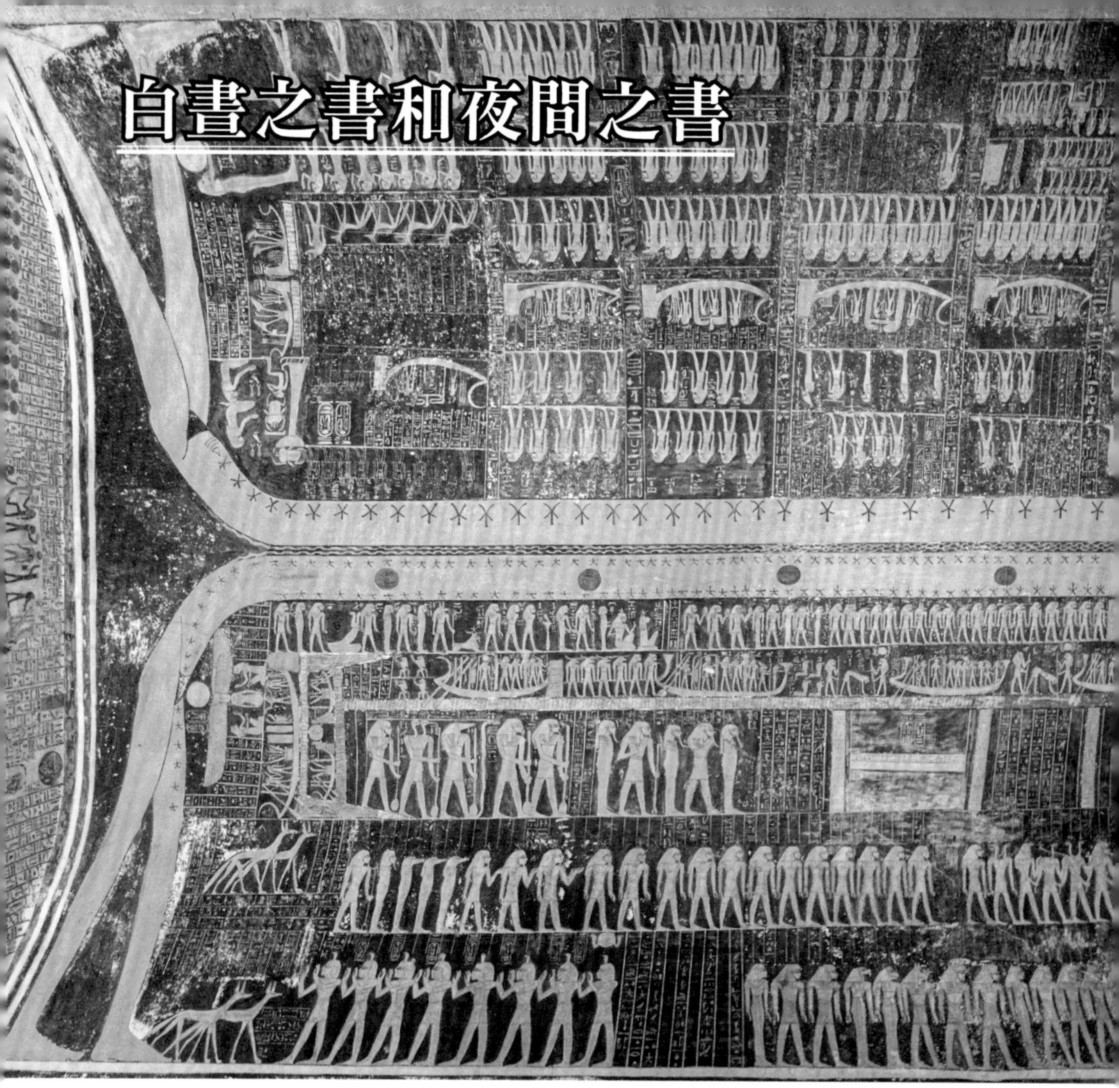

在拉美西斯四世陵墓之後，帝王谷的拉美西斯六世陵墓中，開始以「白晝之書與夜間之書」的形式呈現兩尊背對背的努特。這個文書的古代名稱也不得而知。另外，「白晝之書」與「夜間之書」可能是單獨分開的內容，也有可能是兩者合在一起形成完整版。

在白晝之書中，努特女神於東方誕下清晨的太陽，太陽船沿著女神的身體於天空水域航行，傍晚再被女神吞噬進入體內。

內容和冥界之書一樣，除了太陽神以外，太陽船也載著其他眾神和隨行者，一同展開12小時的旅程。由於是白晝太陽的樣子，因此乘船的太陽神

**「白晝之書」（下）與「夜間之書」（上）**

拉美西斯六世陵墓墓室的天花板。因為是魚板形狀的天花板壁畫，導致相機鏡頭上下左右的邊緣部分呈現扭曲。這張照片的上半部為「夜間之書」，下半部為「白晝之書」。

並非公羊頭，而是獵鷹頭。登場的人幾乎都是從努特的頭部出發，面向前進方向的西方。隨圖記載的聖書體文章，大部分都是在場的眾神名字，情況說明則略顯簡短。

在一般印象中，通過女神體內的太陽船，已經完全免於遭受像冥界之書中提到的邪惡敵人的傷害，不過太陽船的航行仍原封不動地採用並記載巨蛇阿佩普等危險，以及樂園雅盧（Aaru）平原的概念。

**「白晝之書」** 中央寫有 *sḫt-jꜣrw*「雅盧」。呈現在盛產穀物的豐饒土地與眾神安穩生活的景象。

**「白晝之書」** 阿佩普出現在手持船槳的眾神之間。開頭的聖書體中說明這些神是消滅阿佩普的人。阿佩普的文字上插著匕首。

**「夜間之書」** 左邊的第2～第7小時為地獄的景象。這裡描繪著被打入地獄的各種死者樣貌，包括躺在床上的木乃伊、腦袋被砍掉的人、雙手被反綁的敵人等等。在這裡接受憐憫的人，第9小時以後會以受到拯救的形象呈現。

**[上]** 白晝聖船（*mꜥnḏt*）與切斷妨礙航行的蛇之脊椎的眾神。獵鷹頭的拉神所乘坐的船，有許多神祇一同隨行。

**[右]** 夜間聖船（*msktt*）上有席亞（*siꜣ*）和胡（*ḥw*），*mḥn*守護的船艙內有羊頭太陽神拉和瑪亞特女神。孩童坐在船首。

夜間之書與白晝之書不同，它被銘帶縱向分割為11個部分。銘帶的開頭寫著右邊的文字*sbḫt*「入口或門」，可以在此一窺羊頭太陽神通過各個時間的入口、門和空間前進。

最早的夜間之書貌似來自塞提一世時期，但只到第九小時就結束了，其他的夜間之書也只是摘錄部分時段，現存最完整的就只有拉美西斯六世陵墓墓室的夜間之書。

從右邊數來的第2格是第6小時下層地獄的景象。在門之書中也有記載，荷魯斯神負責看守敵對的異民族（亞洲人、利比亞人、貝都因人、努比亞人）。

坐在王座上的歐西里斯。兒子荷魯斯和親近歐西里斯的眾神都紛紛前來問候。王座下面躺著雙手被反綁的敵人，這是永遠不被饒恕之人的象徵。

努特女神的頭部和雙臂之間為第一小時（白天和夜晚之間的裂縫，原初之黑暗）的門，文章就是從這裡開始，雙腳為黑夜的終點。只有在每段時間的導入部分做簡短的說明。每段時間看似分為五～七層，但其實內容大致有三層，也就是由中央的太陽船和牽引太陽船的「不知疲憊之人」所在的層區隔為上下兩層。牽引太陽船的「不知疲憊之人」，是指即使沒入地平線仍會出現的南天星辰。

在船上，太陽神受到層層圍繞的巨蛇 *mḥn* 守護，還有另一條在祠堂中守護祂的巨蛇。和冥界之書一樣，隨行的船員是神的代言人，船首站著席亞（*sἰꜣ*），船尾站著胡（*ḥw*），瑪亞特女神也一起搭乘。

上層描繪著單獨的神、四神（方位）、代表上埃及和下埃及的眾神等各種神祇。下層是關於亡者的各種狀態，有人獲得神施以慈悲，也有人永久墮入地獄，但這裡並沒有像冥界之書和門之書那樣焚燒敵人等詳細的描述。

途中，在歐西里斯神的時間當中，死者們被明確地劃分，在祂前方正常站立的人，是被施以慈悲邁向重生的人，決定墮入地獄的人便沒有描繪出來。

**[左]「夜間之書」** 在第12小時，天空似乎開始發白。通過最後的*sbẖt*（門）的太陽神夜間聖船，和牽引聖船的眾神，皆失去了色彩。到了第12小時，又有4頭胡狼（西方的*bꜣ*）加入牽引船隻的隊伍。準備從努特女神體內誕生的太陽神，化身為閃耀金黃色光芒的聖甲蟲，出現在高台上。高台旁的聖甲蟲和幼兒，聖書體的意思為年幼的太陽神。聖甲蟲的文字本身就有「變身」的意思。在努特女神的腳下，守護歐西里斯復活的伊西斯和奈芙蒂斯女神，正將太陽圓盤下面的夜間聖船（*msktt*）轉移到上面的白晝聖船（*mʿnḏt*）。

「白晝之書」第1小時的開頭。有名懷抱太陽圓盤的懷孕女性，伊西斯和奈芙蒂斯在她的兩側守護。這張圖中雖然看不見，但正如右邊的習作所示，太陽圓盤上繪有幼兒的形象。這名女性的上方有展開翅膀的聖甲蟲，正準備將太陽捧上天空。下面的太陽船載著隨行者（*šmsw*），做好起航的準備。聖書體的文書大綱為「神（拉）在第1小時現身。其景象之美，讓女神（努特）獲得滿足。出現在地平線的居民土地（世界）上。引導人類、家畜、蚯蚓、昆蟲等一切有生命的事物……拉啊，升起吧，升起吧。祢已經完全變身了」。

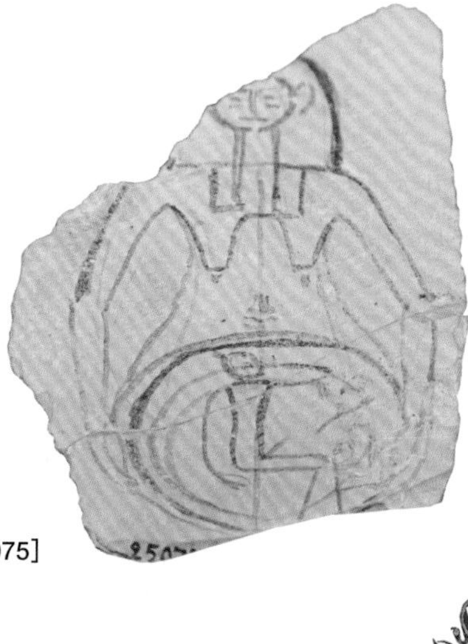

**孕婦的陶片**
**新王國時期**
**埃及博物館（開羅）［JE 25075］**

活著的兩國法老，兩國的主人（*nb mꜣʿt rʿ*），太陽神拉的兒子，王冠的主人（*rʿ mssw nṯr ḥḳꜣ ʾiwnw*），他讚美平靜的拉神。
他讓拉神和船員們一起順利地航行。

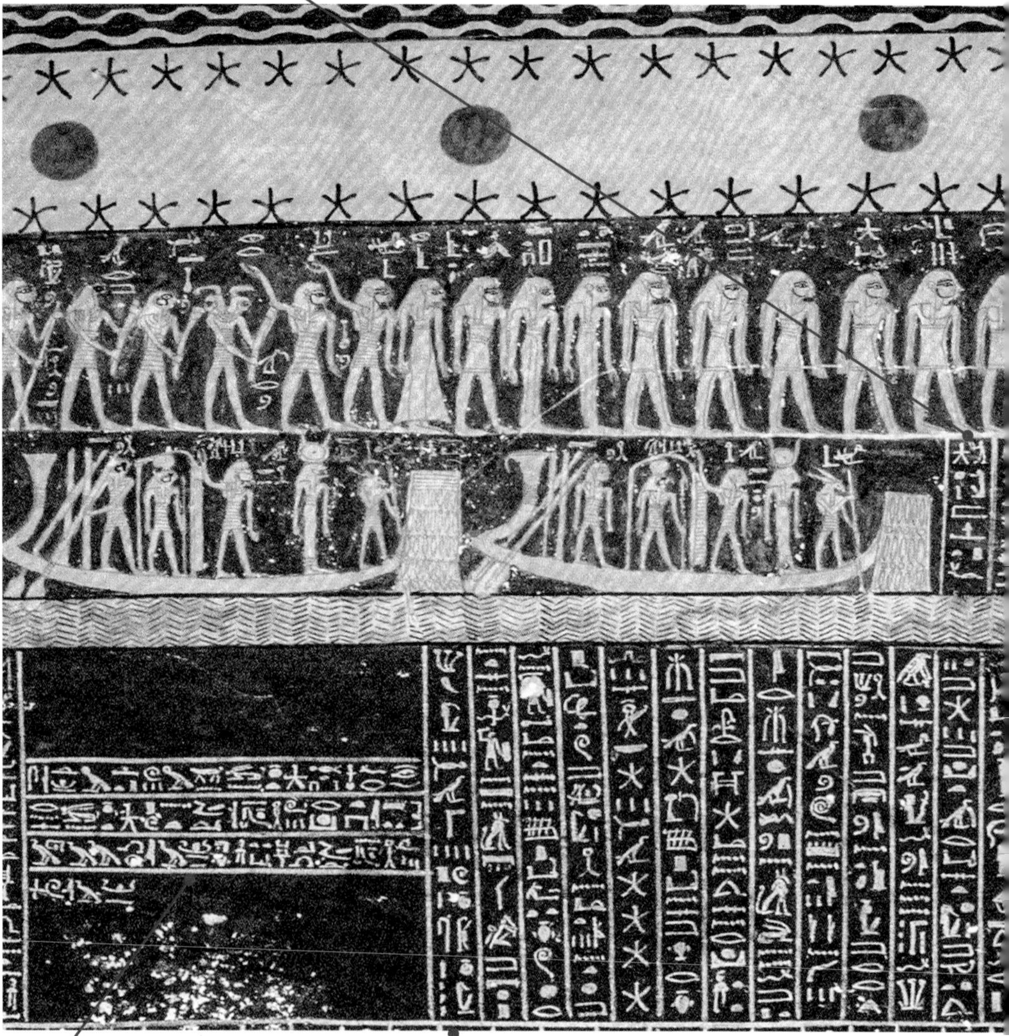

名為「美麗景觀」的第 11 小時，順利的航行。船即將降落在西山上，繩索朝向西方地平線延伸。乘坐於船上，在拉繩索之前，她（努特）升上天空。

隨行者中的北天精靈和四柱神，在這個偉大的時刻，擊破天上致命的風暴。祂們正是手持太陽聖船前面的繩索，操縱後面繩索的人，船員們是永恆的星辰拱極星。四柱神為北斗七星（*msḫtyw*）的四神。

[接續下一頁]

地平線的沙漠

祂們在天空的中央、*sꜣḥ*（獵戶座的3顆星）的南側閃耀，其後回到西方的地平線。位於北天的賽特神的北斗七星，是以黃金鎖鏈連接在兩根燧石製的木樁上。鎖鏈被託付給河馬形象的伊西斯。眾神之水和地平線的眾神一起佈滿星辰。拉神將祂們放在伊西斯女神所在的後排。祂說：「不要為了眾神之水侵襲南天。不要以 *ꜥnḏtỉ*（Busiris）州的主人，也就是 *sꜣḥ* 身後之人的兒子身分現身。」*Bntỉw* 是祂們的名字。祂位於埃及北部遙遠的統治地，名叫佩布（Pebu）的地方。城鎮名為 *kftỉw*（克里特島）。祂們出現在北方大海（地中海）的天空領域。北方地平線是祂們的國家。

## 夜間之書（俯瞰？圖）

此為拉美西斯六世陵墓通往墓室的通廊天花板上的壁畫。與第110頁夜間太陽神在努特女神的守護下航行的表現方式不同。

上面的三層從右向左排列。第二層的太陽船上坐著羊頭的拉神。也就是說，夜間的太陽船是由西邊牽引到東邊。左側最前面可以看見四隻胡狼（西方的*bꜣ*）加入牽引太陽船的隊伍，但這裡並沒有描繪太陽神化身聖甲蟲

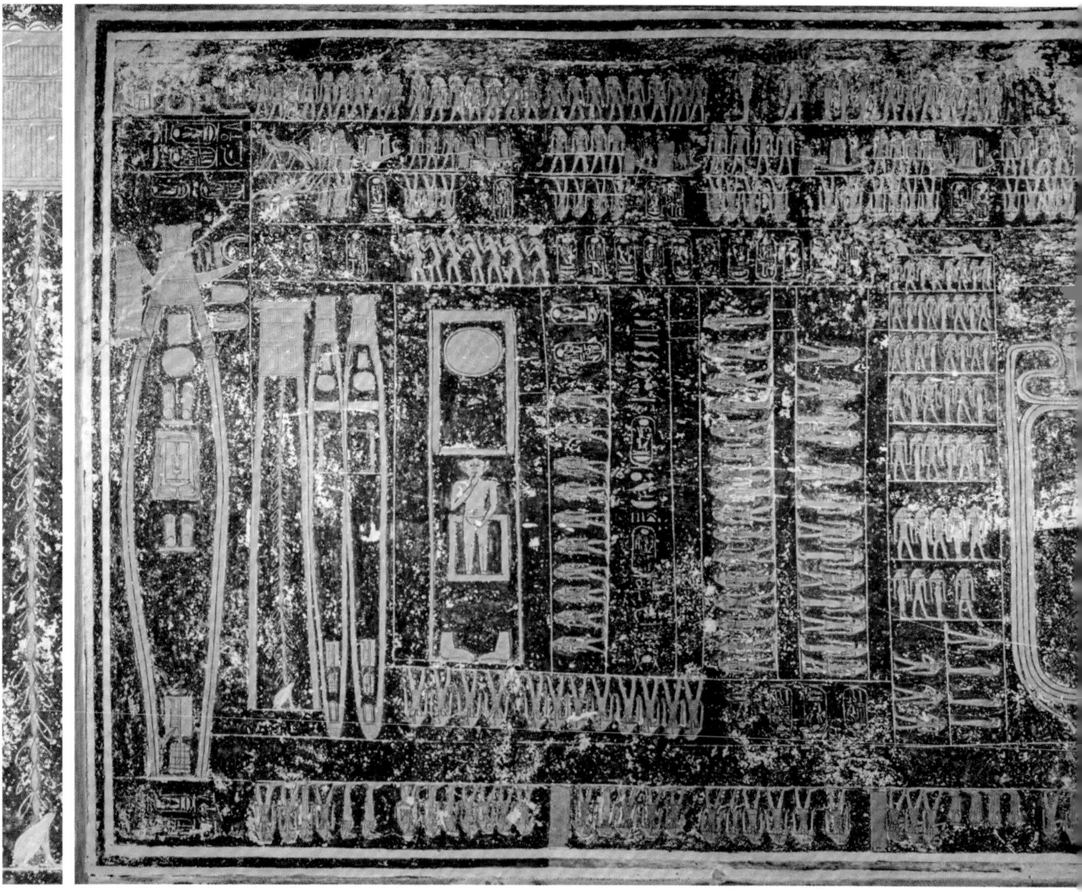

最左邊是從俯瞰視角描繪的太陽船，整體看起來就有如一幅展開圖。四方形的船艙受到*mḥn*守護。船艙的上方是站在船首的席亞，下方是站在船尾的胡的腳，沒有描繪出身體其他部位。船首和船尾都繪有代表「隨行者」的「*šmsw*」的文字（右）（船尾是顛倒過來的）。船頭部分是用來準確傳達船的形狀的一種表現手法，重疊描繪船身側面的形狀。船尾則是描繪成被截斷的狀態。
其右側的船只描繪了船首，在眾神牽引的繩索（左照片）上有握把的環，前面是與誕生有關的青蛙（*ḥqt*，赫克特神）。接下來，右邊兩艘較小的船是伊西斯和奈芙蒂斯的。這兩艘船右邊正在吸

的景象。取而代之的是巨大太陽船的平面圖。不知是否為從努特女神的位置向下俯視的形象。

最下層的眾神隊伍是從左向右排列，也就是從東往西。這裡雖然沒有太陽船，但似乎呈現太陽神誕生的白晝景象。在接近西方的時候，眼鏡蛇（Uraeus）也會加入隊伍之中，這個景象也能在「白晝之書」中看到。

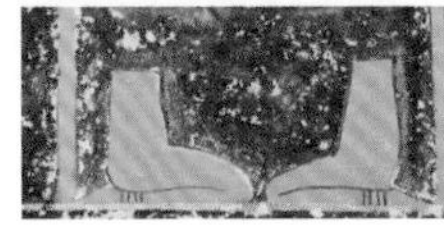

吮手指的幼兒，代表誕生的太陽神，在第115頁中也可以看到。這裡只描繪兩位女神的下半身（右），就像受到伊西斯和奈芙蒂斯的守護，藉此呈現她們的存在。中央橢圓形的*mḥn*正守護著太陽神拉誕生的左側世界。*mḥn*的右邊是進入夜晚時間的地方，這裡是排列木乃伊棺台的死者世界。不過，一般認為這些死者呈現站立姿勢，代表他們在拉神通過時會受到憐憫，藉此預示他們的復活。

## 拉美西斯六世墓，通廊天花板圖

最後讓我們來看看拉美西斯六世陵墓通往墓室的通廊天花板上的壁畫。

在拉美西斯六世陵墓中，從入口到墓室分別描繪著「門之書」、「冥界之書」、「洞窟之書」、「大地之書」等各種冥界意象。此外，連接這些文書的通廊天花板上也繪有「白晝之書」和「夜間之書」，還有幾幅有可能是根據這些圖衍生出來的繪畫。只不過，這些繪畫中都會添加像暗號一樣意義不明的聖書體，至今我們仍不清楚這些內容的含義和目的。每位研究者的意見也有所分歧。

這裡也只能說明看到的內容。請各位讀者不妨充分發揮自己的想像力。

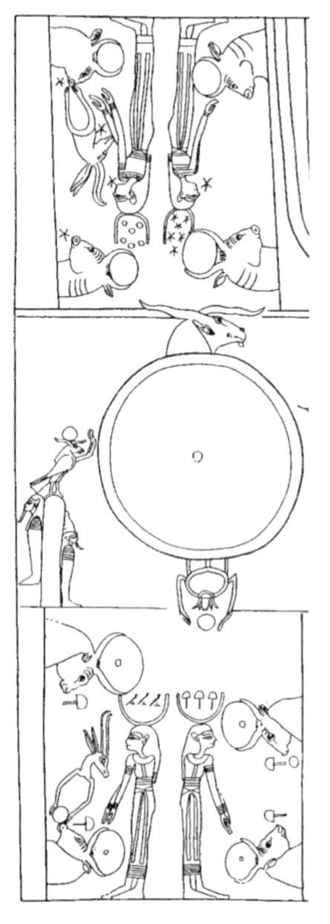

共分為3層。第1層和第3層的左邊分別站著兩位女神。第3層的女神頭上為裝著鳥的形象的*bꜣ*（右上）和*šwt*（影子）文字的釜。兩位女神受到角間頂著太陽圓盤的公牛頭從四方包圍。此外，女神的左側有羚羊頭的人伸手拿著太陽圓盤。

第1層的女神頭上，釜內分別裝有6個星星和圓盤，羚羊頭位於女神右側。

其右側上下各有3座雙層禮拜堂。第1層左右兩座禮拜堂內各站著一名雙頭神，中間為木乃伊和守護木乃伊的兩隻手臂和半身。第3層左右兩座禮拜堂各站著頭部是人類手臂的神。中間為兩手臂和半身拿著冒出獵鷹頭的太陽圓盤。

再看看右側。第1層是頭部為太陽圓盤的9尊神，第3段為膝蓋前擺放太陽圓盤、頭頂星星的8尊神。

讓我們再從左邊觀察最令人印象深刻的中間層吧。中央有個大型的太陽圓盤，夜晚的太陽神公羊和黎明的太陽神聖甲蟲，分別從太陽圓盤上下冒出。其左側有一隻羊頭鳥停留在埋葬兩具木乃伊的墳塚上，並擺出讚頌和崇拜的姿勢。

太陽圓盤的右側，有一艘用蛇和細長的人類身體組成的船。甲板上有以俯臥姿勢抬起頭的歐西里斯、羊頭神、羊頭鳥和身體前傾的女性。

船的前方為7名太陽圓盤頭的人，他們以讚頌和崇拜的姿勢走向船。

這些人的後方，有兩對面對面的兩柱神。兩柱神的中間有個附有人頭的太陽圓盤，下面躺著一位女性。左邊的女性朝下，右邊的女性朝上。兩柱神似乎正用手伸向下面的女性。天花板上的聖書體文章，大部分都意義不明。

東方地平線

西方地平線

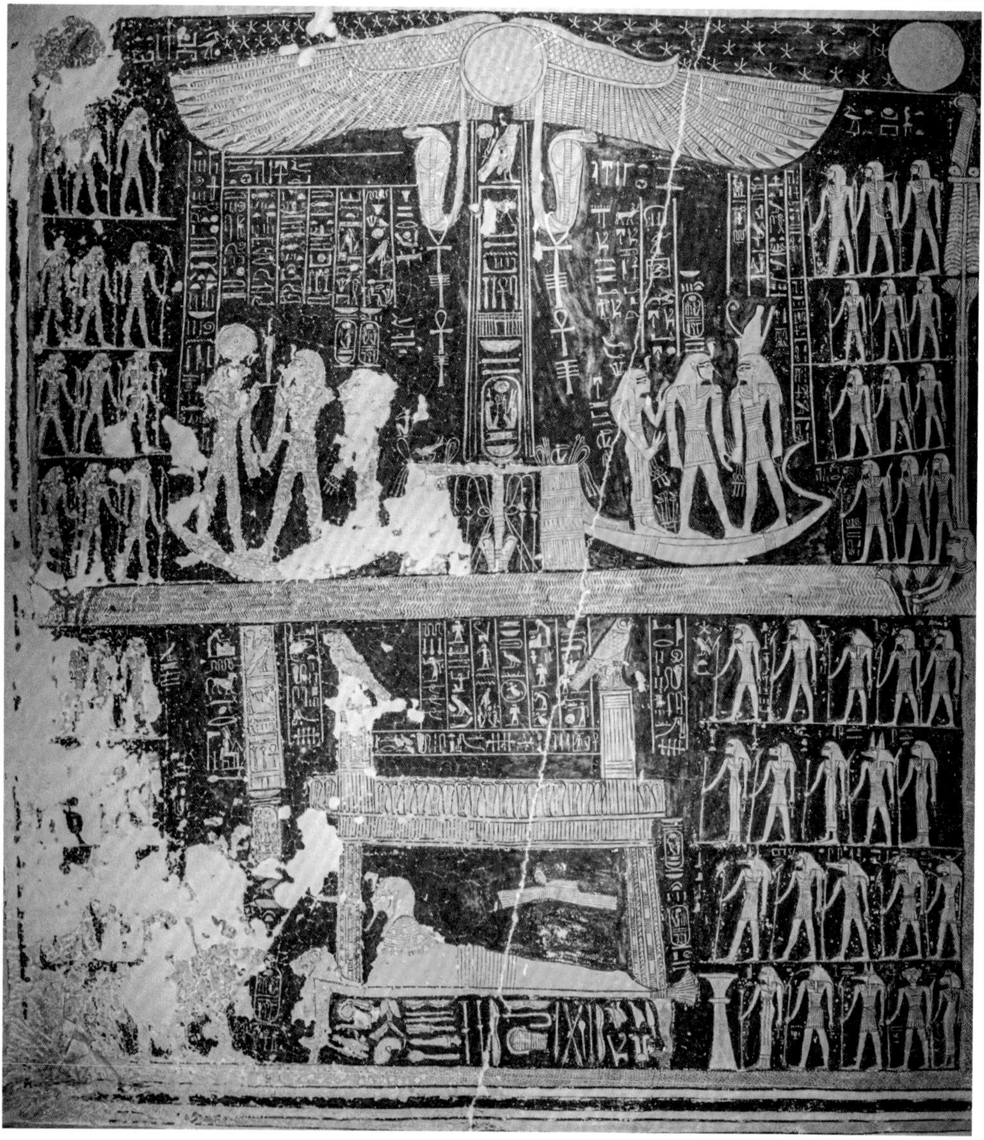

共分為兩層。上層的有翼太陽圓盤下方，中央繪有王名銘帶和*smꜣ tꜣwy*（上下埃及統一的象徵），繪畫呈左右對稱。右邊的*smꜣ*文字為「統一」的意思。

有翼太陽圓盤的左邊用聖書體寫著「東方地平線」。法老、拉、小型瑪亞特女神從那裡乘坐白晝聖船。左邊是跟隨拉神的一群北天之人。

右邊的盡頭寫有「西方地平線」。代替拉神的阿圖姆神共乘船上，從西方航向東方。隨行者為一群南天之人。

下層為荷魯斯守護的棺台，歐西里斯正準備從俯臥的姿勢起身。歐西里斯的背上是兩片組合在一起的木片（右），具有*rs*（覺醒）的含義。棺台下面擺放著武器和法老的象徵物。

上層的中央描繪著由新月和（可能是）滿月組合而成的時間，這是掌管記錄的托特神的象徵。左右兩邊各有兩尊神（四方）面向著它，祂們手持*ḏd*（安定）和*ỉb*（心臟、心）的象形文字組合而成的符號。

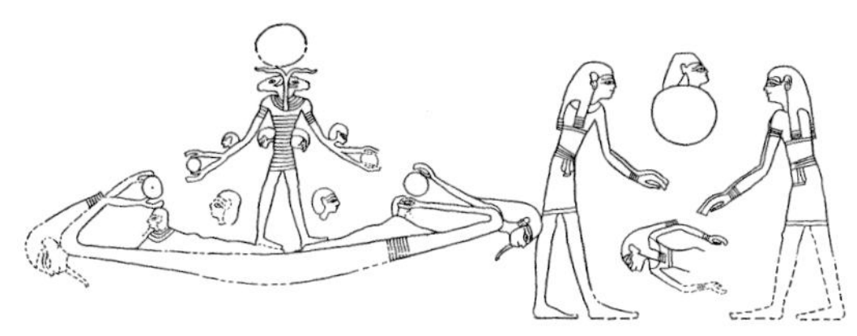

下層的船，船尾和船首為手持太陽的人頭，歐西里斯俯臥在地，雙面羊頭太陽神站立於船上。太陽神的手臂是手持太陽的人，其腰間露出獵鷹（荷魯斯）的頭。

右邊兩位神祇之間的太陽圓盤上冒出一顆人頭，下方則有一名橫躺的人。

下方的牆面上方有天（*pt*）的文字（右上），下方有東西兩側形成山丘的沙漠文字（右下）。中央的太陽圓盤上出現4條口吐火焰的蛇，每條蛇的面前都繪有黑暗的敵人。上面的小型圓盤有鱷魚、下面的圓盤有蛇現身。左右兩邊也有聖甲蟲。右邊是擬人化的太陽升起，其腳邊的蛇昂首直立；左邊的擬人化太陽腳邊有眼鏡蛇，大概是用來呈現黑暗吧。這篇文章是無法解讀的密碼文。

# 索 引（黑：前篇，藍：後篇）

【英文】


Abu 洞窟 103
Ajyu 102
Amenemwya〈人〉 127
Apophis→阿佩普
Begsy〈神〉 104
Busiris〈地〉 88
*bꜣ* 17,18,20,44,45,65,70,77,81,83,89,90,95,96,109,127,136,139,18,21,26,28,30,33,37,46,48,62,64,68,77,80,82,84,86,87,90,91,93,95,96,99,100,102,104,105,115,118,121
Cenotaph→空墓
Deir El Bersha〈地〉 56,57
Deir El Medina〈地〉 10,14
*ḏḥwty*（托特）〈神〉 56,69,79,81,90,91,95,97,105,107,108,119,126,130,134,136,138 / 26,27,33,47,52
*ḏt*〈神〉 52
*dwꜣt*（冥界） 17 / 55
El Qurn〈地〉 8,10
Heh〈神〉 52
Hermopolis〈地〉 57,62
*ḥkꜣ* 26,54,55
*ḫt*→肉體
*iḥt* 母牛〈神〉 105
Ineni〈人〉 11
Iuefankh〈人〉 72,83,84
*iꜣwy*〈神〉 69,70
*kꜣ* 44,45,80,90,94,100 / 84
Lepsius〈人〉 72,106
Maiherpri 74,90,91,110,112
*mḥn*〈神〉 21,22,134 / 28,30,34,35,37,44,46,48,54,55,83,102,113,114,118,119
*mḥt wrt*〈神〉 77
*mnḫt* 94 / 30,31
*mnit*（項鍊） 31
*msḫtyw*→北斗七星
*msktt*（太陽神的夜間聖船） 113,115
*mꜥnḏt*（太陽神的白晝聖船） 113,115
Nafsu（靈魂） 9
Nebenmaat〈人〉 45
Nebqed〈人〉 70,71,73,85,89,90,96,101,112
Neferini〈人〉 81,105
Neferrenpet〈人〉 44,87
Neheri〈人〉 57
*ngꜣw*〈神〉 48
*nḥḥ*〈神〉 52
*nnt*〈神〉 17
Penwenty 105
*pḫry*〈神〉 77
*psš-kf* 39
Renpet 31
*rn*→名字
*šmsw*（隨行者） 132-134 / 30,115,118
*smyt*〈神〉 55
*smꜣ tꜣwy* 122
*spdt*→天狼星
*šsšs*〈神〉 70
*str*〈神〉 82
*štꜣyt* 77
*šwt* 45 / 87,91,96,104,105,121
*sꜣḥ*→獵戶座
*sꜣwt smyt*〈神〉 57
Ta Dehent〈地〉 10
Tayesnakht〈人〉 69,84,85,105,106
Tepy〈神〉 105
Uraeus（眼鏡蛇）〈神〉 48,81,119,123,128,131,133,134,136-139 / 26,31,60,70,72,80,86,96,97,102,104,119
Wepwawet 27,31,95
*wrns* 20
*wꜣs* 17,126,130,132 / 100
*ꜣḫ* 42,45,102,103
*ꜣḫt* 77,139
*ꜣḫti*〈神〉 57,77


【2畫】


九柱神 109,120 / 58
人類殺戮故事 50


【3畫】


叉鈴 31,90 / 20
大地之書 94,95


【4畫】


天空母牛 77,100 / 50
天空母牛之書 50,51,53
天狼星 48,49,62,63,65 / 52,109
太陽之眼 33,51
太陽神之臉 70
太陽神拉 22,36,42,48,61,65：隨處 42,50,104：隨處
太陽神拉的讚歌 73 / 40

太陽船 17,22,59：隨處 104,110-118：隨處
心臟 78,82,83 / 47,63
木乃伊 3,14,16,18,19,40,44,72,78：隨處 14,44,48,50,58,60,62,64,67,68,96,97,100,101,102,105,112,119,121
火焰池 24

【5畫】
北天星座（星辰） 42 / 108
北斗七星（*msḫtyw*） 40,63,65/108,116,117
卡卡拉・伊比〈王〉 38
卡塞凱姆威〈王〉 24-26
卡諾卜罈 54,66,136,137 / 14
尼羅河泛濫 62,103 / 109
左塞爾〈王〉 28-30,42
打倒歐西里斯敵人的陪審員〈神〉 31
瓦吉特之眼 98,105,106,118,119,127,128,131-133,136,137 /22,34,86
生命之湖 60
由亞〈人〉 71,82,88,89,91,92,94,96-98,101,102,104

【6畫】
伊西斯〈神〉 31,46,47,59,77,88,91,101,103,104,134,137 / 14,24,25,28,34,41,72,77,80,84,85,97,98,105,115,117,118
伊佩特〈神〉 104
印和闐〈人〉 28
名字（*rn*） 45,82
地獄 5,6,8-10,11 / 112
地獄的大釜 98
托特→*ḏḥwty*
托特之丘 9
旬星 62 / 106,109
有翼太陽圓盤 23,97,122
死者之書 19,22,46,47,54,57,70-79,124：隨處 44-46
米烏提〈神〉 85
肉體（*ẖt*） 44
血脈譜 6
西克索 8

【7畫】
努恩→原初之水
努特〈神〉 17,18,48,50,51,62,63,87,88,107,108,118,131 / 25,51,52,72,74,77,84,86,96,98,105,106,109,110,111,115,116,118,119
努特之書 106,109
否定告白 78,95,110,112,118,119,136
吳哥窟 5
巫沙布提 56,79,81,94,101 / 14
貝努〈神〉 82,88,94,125,134 / 85
貝斯〈神〉 126
辛努塞爾特一世〈王〉 41

【8畫】
佩皮一世〈王〉 43
供品平原 49,59,94,95
兩條路之書 54,57,59,61
奈芙蒂斯〈神〉 46,51,77,101,103,134,136,137 / 14,24,25,34,41,72,77,80,84,85,97,98,105,115,118,119
奈特〈神〉 34
奈赫布考〈神〉 124
奔奔石 94,124
妮菲塔莉王后墓 4,90,91,99,100
姆特〈神〉 105,106,135
尚博良〈人〉 79,95
帕克特〈神〉 105
拉→太陽神
拉・阿圖姆〈神〉 51,65
拉・哈拉胡提〈神〉 102,128,135 / 54
拉・歐西里斯〈神〉 40,102
拉美西斯一世〈王〉 16
拉美西斯九世陵墓 4,12,80,85
拉美西斯二世〈王〉 33
拉美西斯三世陵墓 12,41
拉美西斯六世陵墓 22,23,25,29,30,32,34,35,55,66-71,73,74,78-93,94-105,110-123
拉美西斯四世陵墓 14,106,107,110
炎之門 60
空墓（Cenotaph） 106
芭絲特〈神〉 97
金字塔 10,29,30,35-38
金字塔銘文 34,35,37-39,41-43,46-48,54-56,70
門之書 61 / 44,54
門之書第9小時 123
阿什穆寧 15,57,61
阿布西爾 47
阿伊〈王〉 40

阿克爾〈神〉 130 / 24,81,82,84,97,100,101,104
阿努比斯〈神〉 65,69,77,101,136,137 / 41,83,85,86,90,96
阿佩普〈神〉 42,58,59,70,80,81,84,95,102,123,128,138 / 26,28,37,58,62,64,69,70,72,98,99,111,112
阿孟霍特普 121,122
阿肯〈神〉 64
阿肯那頓〈王〉 12,50
阿拜多斯〈地〉 24,28,98 / 11,106
阿提夫冠 118,124,132,136,138
阿提涅特〈神〉 96
阿頓〈神〉 49,50
阿圖姆〈神〉 49,51,81,82,88,95,98,107,108,125 / 28,34,57,86,122
阿蒙〈神〉 61,122
阿蒙涅特〈神〉 61 / 96
阿蒙霍特普一世〈王〉 10
阿蒙霍特普二世王墓 12,16

【9畫】

南天的旬星 109
哈特謝普蘇特〈王〉 11,16
哈索爾〈神〉 64,65,90,109,127,133 / 20,51,52,97
帝王谷〈地〉 6-11
幽靈 66
星鐘 62,65
昴宿星團（昴） 109
洞窟之書 78,96
派涅傑姆一世 118
美麗奈茨〈王后〉 26
胡〈神〉 113,114,118

【10畫】

冥界之書 61,73,74,80 / 14,16,17,24,33,37,38,44,45,54,55,68,79,110,111,114,120
原初之水（努恩）〈神〉 17,49,125,127 / 26,33,52,68,72,77,96,97,102,104,107
原初之黑暗 107
原野諸神 31
哲爾〈王〉 26
埃及獴〈神〉 85
席亞 54,55,57,77,113,114,118
庫努牡〈神〉 45 / 21
時間與永恆 52
泰伊特〈神〉 87
泰芙努特〈神〉 25,51,84,98,102,105
烏尼斯〈王〉 35-39,46-49,51
烏塞爾阿蒙〈人〉 16
特提王 37
神話莎草紙 78,124
紐塞拉〈王〉 32,36
索卡爾〈神〉 28,109,130 / 22-26,33
索貝克〈神〉 48 / 26

【11畫】

假門 45,57,65,70
偕日升 62 / 109
敏〈神〉 51,106
曼圖霍特普二世〈王〉 32,66 / 8
梅傑德〈神〉 83
梯子 48
船帆 84-86
船槳 100,127
荷魯斯〈神〉 31,36,46,49,51,69,77,81,82,88,98,107,120,130,135 / 25,27,28,33,34,60,61,85,90,97,100,101,102,104,105,113,114,122,123
荷魯斯之眼 49
荷魯斯的四個兒子〈神〉 69,81,126,128,132,136,137 / 26
通往光明（的書） 19,22,47,54,57,61,73 / 44,45
麥倫普塔陵墓 12

【12畫】

傑德柱 101,104,126,132,137
凱布利〈神〉 91,128,138 / 23,25,27,69,84,86,97,98,99,100,101,102,104
凱布利・拉〈神〉 80
善光寺 5-6
喚醒儀式 44
提耶特（護身符） 104,132,137
斯尼夫魯〈王〉 33,42
斯芬克斯〈神〉 84,97,101
普塔〈神〉 81,82,88,136 / 4
普塔・索卡爾 120
普塔・索卡爾・歐西里斯 130
森內狄恩〈人〉 20,44,76,87,94
棺槨文 41,47,52-55,57,65,70,73
無花果樹 87
登〈王〉 27,30
舒〈神〉 17,48,91 / 25,27,37,50,51,52,98,99,102,106,107
象形繭 45 / 14

開口儀式 3,28,39-40,41,44,70,71,82,118,130
開路者們 48
階梯 94
階梯金字塔 29,30
雅赫摩斯〈王〉 8,11
雅廬（Aaru）平原 42, 45, 59, 61, 94, 95, 98, 101-102, 105, 118, 131, 137 / 111, 112
黃金禿鷲 104

【13畫】
塔沃斯塔王后墓 123 / 92
塔添能〈神〉 125 / 26,27,30,86,90,95,98,104
塞尼特 20, 22,77
塞特納赫特（Setnakhte）陵墓 73
塞提一世 31,79
塞提一世陵墓 22 / 13,18,20,21,26-28,30,31,33,41,51-62,65,108
塞提一世靈殿 28,31 / 55,66,73,74,106
塞爾凱特〈神〉 23,28
塞赫麥特〈神〉 33,85
塞德節 29-33,36-37 / 21
獅子〈神〉 49
獅鷲〈神〉 69
聖甲蟲〈神〉 56,78,83,103,106,125,128,134,135,138,18,20,24,25,26,37,40,72, 86, 90, 93, 97, 99, 104,106, 115, 118, 121, 123

【14畫】
圖坦卡門〈王〉 22,40,120 / 12,17,44-49,50,52
圖坦卡門的櫥櫃 44-49,52
圖特摩斯一世陵墓 11,16
圖特摩斯三世陵墓 12,16,17, 24,25,35-38,40,42-43
瑪亞特〈神〉 4,5,31,49,69,78,81,96,108,118,119,124,126,132,134,136,137 / 18,20,23,53,57,62, 63, 66, 113, 114, 122
瑪亞特台座 126
蒙圖〈神〉 33
蓋布〈神〉 17, 18, 49, 88, 131／25, 27,50, 66, 84, 95, 96, 98, 104, 107
赫里奧波里斯〈地〉 36,41,42,48,80,95,120
銜尾蛇〈神〉 22,131 / 44,46,84

【15畫】
歐西里翁〈地〉 55,63,66,73,74,79,106,107
歐西里斯〈神〉 隨處 / 4,61,77,83,122,123：隨處
歐西里斯之水 20
歐西里斯法庭 94,95,110,124,136 / 62
歐西里斯的墳塚 24
歐西里斯的櫥櫃 96
歐西里斯審判 78,83,90,95,96,118,125 / 47,62
歐西里斯讚歌 96,108
豬〈神〉 63

【16畫】
燃燒數百萬之物 34
貓〈神〉 28,48,85
閻魔王 6
霍朗赫布陵墓 12,54,55, 58,63,64

【17畫】
蟑螂 83, 84
謝普塞斯卡弗〈王〉 35
賽特〈神〉 46,47,51,82,95,107,120,128 / 19, 28, 80, 90, 117
闇之門 60

【18畫】
獵戶座（sꜣḥ） 42,62,63,65 / 100,109,117
獵戶座歐西里斯〈神〉 90
薩卡拉 27,28,35
鼩鼱〈神〉 102

【19畫】
羅塞塔烏（Rosetau） 55,58,59,81,95,103 / 22,23
鯰魚〈神〉 80-82

【21畫】
護身符 19,56,78,101,104-106,125

【22畫】
贖罪券 7,9

【27畫】
鱷魚神 21,29

【主要參考文獻（前篇・後篇）】

*"The Ancient Egyptian Books of the Afterlife"* Erik Hornung, U.K., 1999
*"The Egyptian Book of Gates"* Erik Hornung, Switzerland, 2014
*"The Egyptian Amduat : The Book of the Hidden Chamber"* David Warbuton, Switzerland, 2007
*"Das Höhlenbuch"* Daniel A. Werning, Germany, 2011
*"The Ancient Egyptian Books of the Earth"* Joshua Aaron Roberson, U.S.A., 2012
*"The Cenotaph of Seti I at Abydos"* 2 vol., Henri Frankfort, U.K., 1933
*"Journey Through the Afterlife : Ancient Egyptian Book of the Dead"* Jhon H. Taylor, U.K., 2010
*"The Ancient Egyptian Book of the Dead"* Raymond O. Faulkner, U.K., 1972
*"The Egyptian Book of the Dead"* E. A. Wallis Budge, U.S.A., 1967
*"The Tomb of Ramesses VI"*, Egyptian religious texts and representations vol.1, U.S.A., 1954
*"The Shrines of Tut-Ankh-Amon"*, Egyptian religious texts and representations vol.2, U.S.A., 1955
*"Mythological papyri"*, Egyptian religious texts and representations vol.3, U.S.A., 1957
*"The Litany of Re"*, Egyptian religious texts and representations vol.4, U.S.A., 1964
*"The pyramid of Unas"*, Egyptian religious texts and representations vol.5, U.S.A., 1968
*"The wandering of the soul"*, Egyptian religious texts and representations vol.6, U.S.A., 1974
*"La Tomba di Kha e Merit"* Enrico Ferraris, Italy, 2018
*"Egyptian Astronomical Texts"* Vol.1 ～ 3, Otto Neugebauer, U.K., 1969
*"Pelizaeus-Museums Hildesheim - The Egyptian Collection"* Germany, 1996
*"Le livre du jour et de la nuit"* Alexandre Piankoff, (Le Caire) Egypt, 1942
*"The Complete Gods and Goddesses of Ancient Egypt"* Richard H. Wilkinson, U.K., 2003



# 埃及眾神的冥界巡禮【後篇】

出　　版／楓樹林出版事業有限公司
地　　址／新北市板橋區信義路163巷3號10樓
郵政劃撥／19907596 楓書坊文化出版社
網　　址／www.maplebook.com.tw
電　　話／02-2957-6096
傳　　真／02-2957-6435
作　　者／松本彌
翻　　譯／趙鴻龍
責任編輯／江婉瑄
內文排版／楊亞容
港澳經銷／泛華發行代理有限公司
定　　價／420元
初版日期／2022年8月

國家圖書館出版品預行編目資料

埃及眾神的冥界巡禮. 後篇 / 松本彌作 ; 趙鴻龍翻譯. -- 初版. -- 新北市 : 楓樹林出版事業有限公司, 2022.08　面；　公分

ISBN 978-626-7108-55-0（平裝）

1. 古埃及 2. 民族文化 3. 古墓

761.3　　111008434

地中海
Mediterranean
死海
Al Iskandariyah
Alexandria
Khemmis?
Akh bity
Tell el-Balamun
（Sema）Behdet
Tell el-Fara'in
Buto、Pe、Per-Wadjet
Abu Sir Bana
Busiris、Djedu
San el-Hagar
Tanis、Djanet
Qantir
Pi-Ramesses
Sa el-Hagar
Sais、Zau
Tell el-Muqdam
Leontopolis
Tell Basta
Bubastis、Perbast
Wadi el-Natrun
Sechet Hemat
Tel el-Hisn
Heliopolis、Iunu
Abu Rawash
Cairo
下埃及↑
上埃及↓
Giza
Abu Gorab
Saqqara
Dahshur
Mit Rahina
Memphis
Inbu Hedj、Mennefer、Hut-ka-Ptah
西奈半島
Qurun Lake
El-Lisht
Itjtawy
Meydum
Medinet el-Fayum
Crocodilopolis、Shedet
El-Lahun
Wadi Araba
Serabit el-Khadim
Wadi Maghareh
Bahariya Oasis
Djesdjes
El-Minya
Men'at Khufu
Beni Hasan
El-Ashmunein
Hermopolis
Tell el-Amarna、Akhetaten

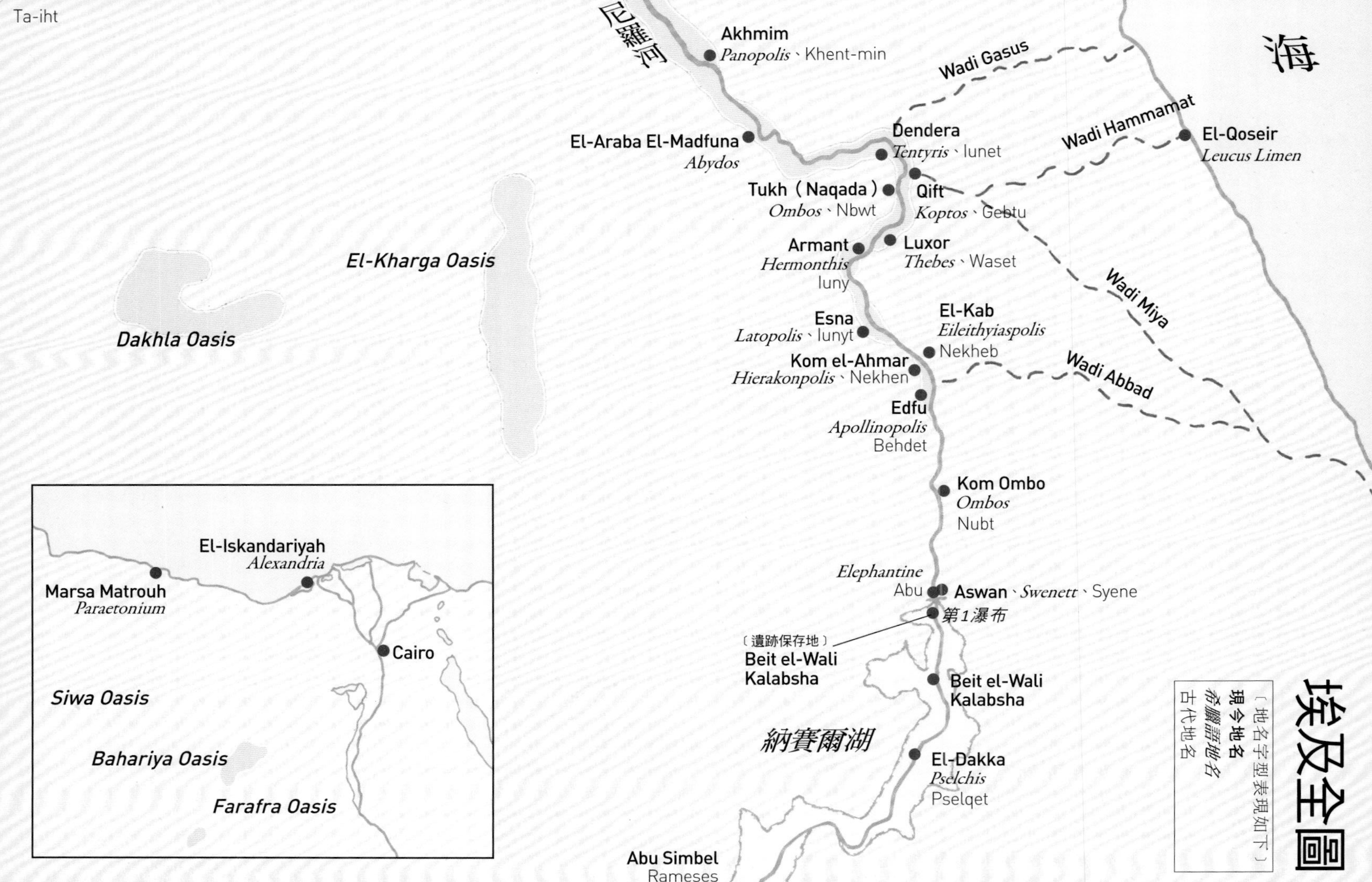

埃及全圖
〔地名字型表現如下〕
現今地名
希臘語地名
古代地名
Farafra Oasis
Ta-iht
尼羅河
Akhmim
Panopolis、Khent-min
Wadi Gasus
海
El-Araba El-Madfuna
Abydos
Dendera
Tentyris、Iunet
Wadi Hammamat
El-Qoseir
Leucus Limen
Tukh（Naqada）
Ombos、Nbwt
Qift
Koptos、Gebtu
Armant
Hermonthis
Iuny
Luxor
Thebes、Waset
El-Kharga Oasis
Wadi Miya
Dakhla Oasis
Esna
Latopolis、Iunyt
El-Kab
Eileithyiaspolis
Nekheb
Kom el-Ahmar
Hierakonpolis、Nekhen
Wadi Abbad
Edfu
Apollinopolis
Behdet
Kom Ombo
Ombos
Nubt
Elephantine
Abu
Aswan、Swenett、Syene
第1瀑布
〔遺跡保存地〕
Beit el-Wali
Kalabsha
Beit el-Wali
Kalabsha
納賽爾湖
El-Dakka
Pselchis
Pselqet
Abu Simbel
Rameses
El-Iskandariyah
Alexandria
Marsa Matrouh
Paraetonium
Cairo
Siwa Oasis
Bahariya Oasis
Farafra Oasis

# 古埃及王朝表

| 年代 | 時代區分 | 王朝區分 | 首都 | 主要法老 | 主要歷史事件 | |
|---|---|---|---|---|---|---|
| 紀元前 | | | | **Narmer** | 西元前 | 上埃及出身的那爾邁統一整個埃及 |
| 3000 | 早期王朝時期 | 1 | 孟菲斯 | Aha | 約 3000 年 | |
| | | | | Djer | | 確立象形文字體系 |
| | | | | Djet | | 制定 1 年 365 天的曆法 |
| | | | | Den | | 使用「上下埃及國王」的稱號 |
| | | | | | | 赫里奧波里斯開始盛行太陽信仰 |
| | | 2 | | | | 發生荷魯斯神派與賽特神派的霸權爭奪戰 |
| | | | | Peribsen | | 荷魯斯神與賽特神兩派的紛爭，以荷魯斯神派繼承王位作收 |
| | | | | Khasekhem | | |
| 2650 | 古王國時期 | 3 | | Khasekhemwy | 約 2620 年 | 於薩卡拉興建階梯金字塔 |
| | | | | **Djoser** | | 階梯金字塔計畫半途而廢 |
| | | | | Sekhemkhet | | 於 Medum 計畫興建真正的金字塔並動工 |
| 2610 | | 4 | | Huni | | |
| | | | | | 約 2600 年 | 確立神王握有絕對的王權 |
| | | | | **Sneferu** | 約 2550 年 | 於吉薩興建大金字塔 |
| | | | | **Khufu** | | 於吉薩興建第 2 金字塔及人面獅身像 |
| | | | | **Khafre** | | 於吉薩興建第 3 金字塔。王權式微 |
| | | | | **Menkaure** | | 於薩卡拉興建國王的平頂墓室 |
| 2490 | | 5 | | Userkaf | 約 2490 年 | 國王使用「太陽神拉之子」的稱號 |
| | | | | Sahure | | 於 Abusir 興建金字塔 |
| | | | | Neferirkare | | |
| | | | | Nyuserre | 約 2400 年 | 開始刻有「金字塔文」 |
| | | | | **Unas** | | |
| 2310 | | 6 | | Teti | 約 2300 年 | 積極開發西奈半島的礦山 |
| | | | | Pepi I | | |
| | | | | Merenre | 約 2270 年 | 政權長期維繫之下，晚年開始朝向中央集權國家發展 |
| | | | | Pepi II | | |
| 2180 | 第一中間期 | 7/8/9 | | 陸續不少任期極短的國王 | 約 2100 年 | 赫拉克來俄波利斯（第 10 王朝）與路克索（第 11 王朝）共存 |
| | | 10 下埃及 | 赫拉克來俄波利斯 | | | |
| 2040 | 中王國時期 | 11 | 路克索 | **Mentuhotep II** | | |
| | | | | Mentuhotep III | 約 2040 年 | 第 10 王朝滅亡，全國統一 |
| | | | | | 約 2000 年 | 向紅海西南沿岸的邦特之地派遣遠征隊 |
| 1990 | | 12 | 伊塔威 | **Amenemhat I** | | |
| | | | | **Senusret I** | 約 1990 年 | 因政變而建立第 12 王朝 |
| | | | | **Amenemhat II** | 約 1950 年 | 遠征至尼羅河第 3 瀑布 |
| | | | | **Senusret II** | | |
| | | | | **Senusret III** | | |
| | | | | **Amenemhat III** | 約 1850 年 | 向努比亞、巴勒斯坦派出遠征軍 |
| | | | | **Amenemhat IV** | 約 1800 年 | 法尤姆的攔海拓地工程結束 |
| 1785 | 第二中間期 | 13 | | 陸續約有 70 位任期極短的國王 | 約 1790 年 | 中王國時期在無人繼承的情況下結束 |
| | | 14 | | | 約 1720 年 | 希克索人自亞洲入侵 |
| | | 15 下埃及 | 15 阿瓦里斯 | ⑮ **Khyan** | 約 1700 年 | 希克索人統治下埃及，建立王朝 |
| 1650 | | | | ⑮ **Apepi** | 約 1650 年 | 於路克索建立第 17 王朝，與希克索人抗衡 |
| | | 上埃及 16 17 | 17 路克索 | ⑰ **Sekhemre II** | 約 1580 年 | Sekhemre 二世、Kamose 與希克索人對抗 |
| | | | | ⑰ **Kamose** | | |
| 1565 | 新王國時期 | 18 | 路克索 | **Ahmose（Aahmes）** | 約 1565 年 | 將希克索人驅逐出埃及。建立第 18 王朝，以圖穩定國內局勢 |
| | | | | **Amenhotep I** | | |
| | | | | **Thutmose I** | 約 1520 年 | 發動遠征，軍隊遠達幼發拉底河上游 |

| 年代 | 時代區分 | 王朝區分 | 首都 | 主要法老 | 主要歷史事件 |
|---|---|---|---|---|---|
| | 新王國時期 | 18 | 孟菲斯 | Thutmose II | 約 1500 年 Thutmose 三世即位，但攝政的 Hatshepsut 主張王權，形成共治體系 |
| | | | | Hatshepsut | |
| | | | | Thutmose III | 約 1470 年 向亞洲和努比亞派出遠征軍，埃及領土達到最大<br>與卡納克的阿蒙祭司集團發生爭執 |
| | | | | Amenhotep II | |
| | | | | Thutmose IV | |
| | | | | Amenhotep III | 約 1400 年 迎向國家最強盛時期 |
| | | | 阿瑪納 | Amenhotep IV（Akhenaten） | 約 1360 年 強制推行信奉阿頓為唯一神祇的宗教改革 |
| | | | 孟菲斯 | Tutankhamun | 約 1350 年 恢復阿蒙神的信仰 |
| | | | | Horemheb | |
| | | | | | 約 1335 年 平息信奉宗教改革後的國內外紛爭 |
| 1310 | | 19 | 培爾—拉美西斯 | Ramesses I | 約 1310 年 將軍拉美西斯一世即位，開啟第 19 王朝 |
| | | | | Seti I | 約 1290 年 軍隊遠征敘利亞等地 |
| | | | | Ramesses II | 約 1275 年 與西臺王國於敘利亞的卡迭石展開會戰<br>摩西帶領以色列人「出埃及」？ |
| | | | | Merneptah | 約 1215 年 「海民」企圖從利比亞入侵尼羅河三角洲地區，遭到擊退 |
| 1205 | | 20 | | Ramesses III | 約 1170 年 「海民」入侵尼羅河三角洲地區，遭到擊退 |
| | | | | Ramesses VI | 王權開始衰弱 |
| | | | | Ramesses IX | 盜墓者於帝王谷等處猖獗 |
| | | | | Ramesses XI | 卡納克的阿蒙大祭司掌握路克索（Waset）的實權<br>國王名存實亡 |
| 1070 | 第三中間期 | 21 | 塔尼斯 | Smendes | |
| | | | | Psusennes I | 約 1070 年 於塔尼斯開創第 21 王朝。上埃及由阿蒙大祭司治理 |
| 945 | | 22<br>23<br>24 | | Shoshenq I | 約 945 年 利比亞人的後裔成為國王，定都於布巴斯提斯。 |
| | | | | Osorkon II | 向巴勒斯坦地區發動軍事遠征<br>於埃及北部的塔尼斯等地建立多個王朝 |
| 750 | 晚期王朝時期 | 25 | 路克索 | Piye（Piankhi） | 約 750 年 努比亞人皮耶開創第 25 王朝 |
| | | | | Shabaka | 約 700 年 統一埃及全境 |
| | | | | Taharqa | 約 667 年 亞述人征服埃及 |
| 664 | | 26 | 塞易斯 | Psammetichus I | 664 年 驅逐亞述人，建立第 26 王朝 |
| | | | | Necho II | 開始興建連接紅海與尼羅河的運河，後來基於防禦理由而中止 |
| | | | | Psammetichus II | |
| | | | | Amasis | |
| 525 | | 27 | 以塞易斯為中心的尼羅河三角洲 | Cambyses II | 525 年 埃及被波斯的阿契美尼德王朝所統治 |
| | | | | Darius II | 521 年 連接紅海與尼羅河的運河完工<br>埃及作為波斯和地中海世界的中繼站而繁榮 |
| | | | | | 約 430 年 希羅多德著作《歷史》一書 |
| 404 | | 28<br>29 | | | 404 年 脫離波斯統治，建立第 28 王朝 |
| | | | | | 約 350 年 與入侵埃及的波斯人對抗 |
| 380 | | 30 | | Nectanebo I | |
| | | | | Nectanebo II | 343 年 再次納入波斯阿契美尼德王朝的版圖下 |
| | | | | Artaxerxes | 332 年 亞歷山大大帝征服埃及 |
| 305 | 托勒密王朝時期 | | 亞歷山卓 | Ptolemy I | 305 年 亞歷山大大帝死後，托勒密將軍即位 |
| | | | | Ptolemy II | 亞歷山大圖書館創建 |
| | | | | | 約 280 年 曼涅托著作《埃及史》一書 |
| | | | | Ptolemy V | 約 196 年 製作羅塞塔石碑 |
| | | | | Cleopatra VII | 30 年 埃及復興失敗，成為羅馬帝國的行省 |